# 한 문장의

## 철학

THIS BOOK WILL MAKE YOU THINK

**알레인 스티븐** 지음 | **김재성** 옮김

황소자리

**일러두기**

**원어 표기** 주요한 인명이나 작품명, 개념 등은 외래어 표기용례에 따라 맨 처음, 주요하게 언급될 때 원어를 병기했다. 단, 널리 알려진 이름이나 표기가 굳어진 명칭은 그대로 사용했다.

**도서 제목** 본문에 나오는 도서나 영화 등의 제목은 원 제목을 번역 표기하는 것을 원칙으로 하되, 국내에 번역 출간 및 소개된 작품은 그 제목을 따랐다.

**옮긴이 주** 옮긴이 주는 괄호 안에 줄표를 두어 표기했다. 예: ( —옮긴이)

"신의 존재, 무신론, 결정론, 해방, 사회, 죽음
　　　등등에 관한 이 모든 허튼소리는
언어라고 불리는 체스 게임의 조각들이며
　　이들은 게임의 '승패'에 연연하지 않을 때에만
재미있다."

All this twaddle, the existence of God, atheism,
determinism, liberation, societies, death, etc., are pieces
of a chess game called language, and they are amusing
only if one does not preoccupy oneself with
"winning or losing" this game of chess.

마르셀 뒤샹Marcel Duchamps(1887-1968)

# 철학이란 무엇인가?

철학을 한마디로 말끔하게 정의하는 건 불가능에 가깝다. 버트런드 러셀Bertrand Russell은 《서양 철학의 역사History of Western Philosophy》에서 '철학은 확고한 사실이 아직 부재하는 영역에서 가설에 이성을 적용한다는 점에서 과학과 신학에 양다리를 걸치고 있다'고 주장한다. 알쏭달쏭한 말이다.

그런가 하면 위험분산 투자의 고전적 사례라고 할 만한 오스트리아 출신 영국 철학자 루트비히 비트겐슈타인Ludwig Wittgenstein은 교묘하게 구축된 한 명제에서 '모든 것은 그것이 아닌 (그것과 다른) 어떤 것일 수 있다'고 말한 바 있다. 이 문장에 따르면 철학은 '철학이 표방하는 모든 것이자 철학이 아닌 다른 것'일 수도 있다. 이 무슨 해괴한 말인가. 이런 주장들에 대해 진지하게 고민하다보면 공포에 버금가는 불안감만 가중되기 십상이다.

그러니 우리 같은 보통 사람들은 철학에 관해 너무 깊이 생각하지 않는 게 상책이다. 어차피 일어날 일은 제아무리 애를 써도 결국 일어나게 되어 있으니까(도교를 믿는다면 그렇다). 게다가 존재, 의식, 자연, 신, 우주, 천국과 지옥, 삶과 죽음, 외양과 내용 등에 관해 우리의 해석을 도와줄 보편적인 진리들이 이미 있으니까(존재론을 믿는다면 그렇다). 그런데 잠깐 생각해보면, 우리는 애초 어떻게 해서 이 같은 거대 관념들을 생각해낸 것일까? 우리의 지식은 어떤 절차를 밟아 여기까지 발전해온 걸까(인식론에 관심 있다면 제기할 만한 질문이다)?

이렇듯 철학은 우리의 의지와 상관없이 어디에나 존재한다. 사물들에 관해 너무 깊게 생각하지 않으려는 행위만 해도 그 자체로 철학적 탐구의 한 형태임을 나는 최근의 한 체험을 통해 실감했다.

얼마 전 막 실직한 오랜 친구와 만나 이야기를 나누었다. 나는 친구가 상심하고 불안해하고 가족의 미래에 대해 걱정하며 회사에 대해 분하고 원망하는 마음을 품을 거라고 자연스럽게 짐작했다. 하지만 놀랍게도 친구는 낙천적인 모습이었다. 자신을 덮친 불운에 절망하는 기색이 전혀 보이지 않았다. 그 친구는 "철학적으로 볼 때 이건 내가 통제할 수 없는 상황에 의해 일어난 일이야. 때로 우리를 시험하기 위해 이런 일들이 닥치는데 그때마다 턱 한 대 얻어맞은 셈치고 다시 나아가야 해. 한 쪽 문이 닫히면 다른 쪽 문이 열리게 되어 있고, 이건 여태까지와 다르게 살아갈 수 있도록 나를 자극하거든." 하고 말했다.

표면상 역경에 대처하는 단순하고 실용적인 자세처럼 보일 수 있다. 하지만 좀더 들여다보면 평범한 상투어 아래 많은 철학적 사고가 묻혀 있었다. 개별 인간의 영향력 너머에서 작용하는 힘을 받아들이는 것은 고대 그리스의 숙명론에도 반영되어 있다. '턱 한 대 얻어맞고 다시 나아가기'는 스토아 철학의 일면이다. 또한 '한 쪽 문이 닫히면 다른 쪽 문이 열린다'는 말은 도교의 핵심 교의로부터 빌려왔음직한 자세다. 그러니까 '여태까지와 다르게 살아갈 수 있도록 나를 자극'한다는 구절이 내포한 자유의지와는 정반대 방향에 위치한 사상이다.

이처럼 지극히 평범해 보이는 일상적 차원의 생각일지라도, 모든 의식적인 결정과 관점은 엄청난 양의 사고와 시각을 포함한다. 그러니까 우리 모두는 각자 나름대로 철학자다.

프랑스의 작가이자 화가 마르셀 뒤샹조차 특유의 허무주의적 성향과 아무것도 믿지 않는 태도에도 불구하고 우리가 생각하고 느끼는 모든 것이 본질적으로 어떤 형태의 철학과 연관되어 있다는 데 동의했을 것이다. 뒤샹은 뉴욕의 한 화랑에 소변기를 뒤집어 전시해놓고 그것을 조각품이라고 주장한 것으로 유명하다(짓궂게도 〈샘Fountain〉이라는 제목까지 붙였다). 뒤샹의 이 장난이 '예술의 종말'을 고하기 위해서였든 아니면 자신이 경멸해 마지않던 미술계의 위선과 허세를 폭로하기 위해서였든, 그의 시도는 보기 좋게 실패했다. 최근 국제 미술비평가들을 대상으로 한 여론조사 결과 뒤샹의 〈샘〉이 20세기의 가장 영향력 높은 작품으로 선정된 것이다. 이 모든 '허튼소리' 너머의 진짜 아이러니는 아무것도 믿지 않는 것마저 실은 무엇인가에 대한 믿음을 성립시킨다는 사실을 이 사례가 총체적으로 입증한다는 점에 있다.

철학의 주요 주제들을 '언어라고 불리는 체스 게임의 조각들'에 비유한 뒤샹의 주장은 비트겐슈타인의 '게임으로서의 언어'라는 시각과 상통한다. 이것은 특히 적절한 은유다. 언어의 규칙은 그 구조 및 그것이 포함하고 배제하는 방식에서 게임의 규칙과 유사하다는 것이 비트겐슈타인의 생각이었다. 철학적 탐구(비트겐슈타인의 책 제목을 빌리자면)는 그러므로 체스 게임과 동일하게 구조, 움직임, 패턴을 중심으로 구성된다. 패턴들을 인식하고 분석하기, 규칙에 맞지 않는 실수들을 해결하기, 어떤 조치가 최선인지를 결정하기에 게임이 달려 있다.

나는 많은 사람들이 철학을 '허튼소리'로 일축한다는 걸 잘 안다. 그래서 뒤샹의 사례를 들어 이 책을 시작하기로 마음먹었다. 이른바 '거대 관념'들은 접근이 어려운 것이어서 우리는 그 앞에서 잘해야 왜소해지는 느낌을, 최악의 경우 쓸모없고 무지한 느낌을 갖게 된다. 철학의 역사가 인류에게 위로가 되어주고 삶을 긍정할 뿐 아니라 기존 가설들에 의문을 던져 여태껏 진리로 여기던 것을 다시 한 번 돌아보게 하는 통찰력의 보고라는 사실을 기억할 때, 참으로 안타까운 일이다.

이 책은 결코 포괄적인 '철학사'를 다루지 않는다. 그보다는 산해진미를 앞두고 식욕을 돋워줄 용도로 제공되는 에피타이저나 맛보기에 가깝다. 그런 점에서 철학의 핵심적인 풍미를 일부 소개하는 한편 수많은 '주의'들의 복잡한 세부 사실에 지나치게 얽매이지 않으려 노력했다.

보통 사람들이 보기에 철학의 많은 부분은 소화하기 어렵고, 특히 20세기 포스트모더니즘 변종들을 비롯한 일부 사조는 의도적으로 난해하기까지 하다. 그래서 자크 데리다Jacques Derrida, 장 프랑수아 료타르Jean-Francois Lyotard 같은 철학자들의 불가해한 이론은 일부러 피했다. 그 밖에도 빠진 내용들이 여럿 있는데, 수많은 철학자들이 깨달은 것처럼 항상 모든 사

한 문장의 철학

람의 마음에 들 수는 없는 법. 이 부분은 저자나 편집자들이 감수해야 할 숙명이리라.

현대 철학을 거의 다루지 않은 것은, 그것이 죄다 쓰레기라고 치부했기 때문이 아니다. 다만 나는 이 책이 유쾌한 지적 자극을 제공하는 동시에 인류 사상사의 몇 가지 핵심 개념에 대한 관심을 불러일으키기를 바랐을 뿐이다. 이런 온화한 접근법의 연장선상에서 작가, 미술가, 정치가 등 철학과 밀접하게 연관되지 않은 인물들의 인용문을 삽입하기도 했다. 이것이 순수주의자들을 불편하게 만들기보다는 우리 모두가 나름의 방식으로 철학자라는 내 믿음을 잘 보여주었으면 좋겠다.

무엇보다 누군가 이 책의 어느 페이지든 펼쳐 하나의 인용문과 그에 대한 해설을 읽은 뒤 잠시나마 그 말의 의미를 숙고하게 된다면, 그것으로 이 책의 중요한 소임이 완수되는 셈이다. 모쪼록 이 책이 독자가 원하는 어떤 식으로든 생각을 하도록 돕기를 진심으로 바란다.

영국 브라이턴에서, 알레인 스티븐

차례 /

## 이성과 경험에 관하여

## 삶과 죽음에 관하여

# 인간과 사회에 관하여

# 행복에 관하여

## Happiness

벤담

밀

홉스

플라톤

아리스토텔레스

데모크리토스

"행복은
생각하고 말하고 행하는 것들이
조화를 이룰 때 찾아온다."

Happiness is when what you think, what you say,
and what you do are in harmony.

마하트마 간디|Mahatma Gandhi (1869-1948)

행복이란 관념은 개인적인 의미에서든 집단적인 의미에서든 플라톤Plato과 아리스토텔레스Aristotle의 고전시대 이래 모든 철학자들에게 커다란 골칫거리였다.

행복은 그저 개인적 욕망을 충족시키는 문제일까? '그렇다'고 대답할 경우 우리는 복잡한 윤리적 딜레마에 빠지게 된다. 개인적 행복 추구가 다른 이의 불행을 불러온다면 어떻게 해야 할까? 나아가 다른 이들은 고통스럽고 불행한 상황에서 혼자만 행복할 수 있을까?

제러미 벤담Jeremy Bentham과 존 스튜어트 밀John Stuart Mill은 공리주의라는 철학을 통해 이 같은 윤리적 딜레마를 극복하려 했다. 그런가 하면 17세기의 염세주의 철학자 토머스 홉스Thomas Hobbes를 비롯한 몇몇 위대한 사상가들은 인간 본성 안에서 작용하는 동기를 내세우며 매우 비관적인 자세를 취했다. 인간의 삶에 대한 홉스의 시각이 영국내전이라는 유혈 참극의 영향을 받았다는 사실을 염두에 둘 필요는 있다.

플라톤과 아리스토텔레스는 이보다 조금 가볍다. 플라톤은 장난기와 순전한 방종이라는 관념들에, 아리스토텔레스는 이성과 지식의 희열에 관심이 있었으니 말이다. 18세기 독일의 철학자 이마누엘 칸트Immanuel Kant는 도덕철학적 규약을 통해 행복과 같은 관념들에 기초하는 행위의 난점을 직접 다룸으로써 좀더 규범적이고 논리적인 시각을 제공해준다.

그러나 행복에 관해 가장 단순하고 명쾌하게 정의를 내린 사상가는 아무래도 고대 그리스의 '웃는 철학자' 데모크리토스Democritus가 아닐까 싶다. 명랑함의 미덕을 칭송했던 이 고대 철학자는 정의롭고 올바른 마음으로 부동심을 유지하며 유쾌하게 사는 것이 행복, 곧 최고의 선이라고 간명하게 주장했다. 명랑한 사람들의 선량한 행동을 보면서 스펀지처럼 스며드는 행복감을 경험했던 사람이라면 최소한 개인적인 차원에서는 데모크리토스의 정의에 고개를 끄덕일 것이다. 나아가 이 말은 '행복은 생각과 말과 행동이 조화를 이룰 때에 찾아온다.'고 한 간디의 명언과도 크게 다르지 않다.

벤담

"최대 다수의 최대 행복이

　　　　　도덕과 입법의 기초이다."

The greatest happiness of the greatest number is
the foundation of morals and legislation.

제러미 벤담Jeremy Bentham (1748-1832)

제러미 벤담은 비슷한 시기에 살았던 존 스튜어트 밀과 더불어 공리주의라는 철학 유파의 옹호자였다. 공리주의는 '규범윤리학'(기본적으로 개인 행동의 옳고 그름을 논하는 학문)이라는 윤리철학의 한 부문에 최고 관심을 두고 인간 행위의 도덕적 가치로부터 제기되는 문제들을 탐구한다. 벤담은 적어도 처음에는, 행위의 가치가 공리성에 따라 측정되어야 하며 그 공리성은 행복을 촉진하고 고통과 불행을 경감한다는 목표 안에서 판단되어야 옳다고 생각했다.

유명한 금언 '최대 다수의 최대 행복이 도덕과 입법의 기초이다'는 전체 사회에 최대의 이득을 가져다줄 수 있는 행위야말로 가장 적절한 행위라는 주장을 담고 있다. 따라서 모든 행위의 공리성은 결과에 의해 규정될 수밖에 없다.

제러미 벤담은 열두 살에 옥스퍼드 대학교 퀸스 칼리지에서 공부했으며 열여섯 살이 되기 전에 석사학위를 딴 신동이었다. 이후 법률을 공부해 1769년 변호사 자격증을 얻었으나 법조인 일을 하는 대신 근본적으로 결함이 있다고 생각한 영국 법률 및 형벌 제도를 검토하는 데 지식을 활용했다.

벤담의 고전적 공리주의와 개인의 자유에 대한 신념은 그의 사회적·정치적 시각에도 커다란 영향을 미쳤다. 특히 노예제도와 사형제도 철폐, 여성 동등권 등 그가 내세운 주장은 당시로서는 매우 급진적인 것으로 간주되었다.

## 다수의 행복만이 능사는 아니야…

만년의 벤담은 자신의 초창기 추론에 결함이 있음을 인정하고 '최대 다수의 최대 행복'이라는 금언을 수정했다. 절친한 동료 철학자 제임스 밀James Mill(존 스튜어트 밀의 아버지)에게 보낸 편지에서 그는 이렇게 썼다. "퍽 긴 세월이 흐른 지금, 좀더 면밀한 검토 결과 전체적으로 이 발언을 폐기해야만 할 명백한 사유가 발견되었네. 표면상으로는 이 개념에 명료성과 정확성이 추가되었지만 실상은 반대라네."

나아가 그는 사회가 엇비슷한 크기로 분할되어 '다수'와 '소수'라는 개념이 관념적으로만 존재할 때, 한 집단의 행복과 복지를 위해 다른 집단을 희생시키면 그 사회는 도덕적·윤리적 목표에서 '집합적 손실'을 입는다고 주장했다. 즉 근소한 격차의 다수가 자신들의 이익을 추구를 극대화해 쾌락과 행복을 만끽하려는 행동은 사회 전반의 '선善'에 피해를 입히므로 결코 좋게 평가할 수도, 진정한 행복에 이를 수도 없다는 뜻이다.

# 제러미 벤담의 마지막 유언장

1832년 6월 6일에 사망한 제러미 벤담은 죽기 일주일 전 자신의 유언장을 고쳐 괴이한 조항을 추가했다. 자신의 시신을 유언 집행자이자 가까운 친구이던 토머스 사우스우드 스미스 Thomas Southwood Smith 박사에게 유증한다는 것으로, 시신 보존에 관한 엄격한 지시사항도 잊지 않았다. 먼저 의과대 학생들을 위한 해부 수업의 일환으로 시신을 해부한 뒤 뼈를 추려 재조립하고 그 위에 생전에 자신이 즐겨 입던 검은 정장을 입혀 의자에 앉힌 다음 진영장에 넣어 대중에게 전시하라는 것이었다.

사우스우드 스미스 박사는 경악했지만 친구의 요청을 받아들였다. 그는 시신을 런던의 웹 스트리트 해부의술학교로 이송해 공개 해부를 실시했다. 해부 수업을 시작하며 박사는 말했다. "망자를 그처럼 사용하는 것에 대한 내 망설임이 아무리 정당하고 강할지라도, 망자를 사용하여 살아 있는 이들의 행복을 증진할 수 있다면 나는 사사로운 감정을 억눌러야 합니다."

해부가 진행되는 동안 별안간 뇌우가 쏟아져 괴기스럽고 음산한 분위기를 배가시켰다는 증언도 전해진다.

수업을 마친 사우스우드 스미스 박사는 벤담의 유언대로 뼈를 추려 목재 진열장 안에 여러 해 동안 보관해두었다가 센트럴 런던 대학교에 기증했다. 벤담의 유골은 지금도 전시되고 있다.

이 마지막 소망의 으스스함을 생각해보면 당연한 일일 수도 있겠다. 벤담의 유골은 이후 다채로운 미신과 화려한 일화들을 낳았다. 그중 가장 유명한 이야기로는 벤담이 대학의 회의실에 휠체어를 타고 입장해 각종 회의에 참석하며 의사록에는 '벤담이 참석했으되 표결에는 불참'한다고 기록했다는 설이 있다.

그런가 하면 보존 과정에서 심하게 훼손되어 지금은 밀랍 복제품으로 대체된 유골의 머리 부분에 대한 이야기도 무수하다. 그의 머리는 처음에 발치에 두고 전시되었으나 학생들의 장난이 도무지 가라앉지 않았던 것이다. 경쟁 대학교 학생들에 의해 도둑맞기 일쑤였던데다 (전해지는 바에 따르면) 축구공으로 사용되는 광경을 학교 당국이 발견한 예도 있다고 한다.

"자유는
　　육망하는 것을
행하는 데 있다."

Liberty consists in doing what one desires.

존 스튜어트 밀John Stuart Mill (1806-1873)

존 스튜어트 밀은 아버지 제임스 밀의 철학적 동지였던 제러미 벤담의 공리주의 철학을 채택하고 확장해 《자유론On Liberty》 (1859), 《공리주의Utilitarianism》(1863) 등의 저서를 발표했다.

앞서 살펴보았듯이 벤담은 모든 행복과 쾌락을 공리성이란 측면에서 양적인 것으로 간주했다. 반면 벤담의 공리주의를 계승한 존 스튜어트 밀은 행복과 쾌락의 가치가 그 질에 따라 달라진다는 인식으로까지 나아갔다. 그는 지적 탐구와 상상력을 활용해 인간으로서 비평적 능력을 행사하는 것이야말로 가장 높은 차원의 행복을 만들어낸다고 주장했다. 반대로 요즘 용어로) 소파에 널브러져 드라마를 보는 것 같은 수동적 오락은 그보다 낮은 수준의 정서적 고무만 제공한다고 생각했다(이런 활동이 많은 사람들에게 나른한 행복을 제공한다는 것은 분명하지만).

그러므로 '자유는 욕망하는 것을 행하는 데 있다.'라는 문구는 개인의 비판적 의지와 욕망에 따라 적극적으로 행동하는 것만이 진정한 자유와 행복에 이르는 길이라는 뜻이다. 밀의 철학에서 행복과 쾌락의 '질'은 그 공리성을 판단할 때 벤담이 말한 '최대 다수의 최대 행복'만큼이나 중요한 문제였으니 말이다.

홉스

"인간의 삶은

　　　　　　　　고독하고 빈곤하고

괴롭고 잔인하고 짧다."

　　　"여가는 철학의 어머니다."

The life of man [is] solitary, poor, nasty,
brutish, and short.

Leisure is the mother of philosophy.

토머스 홉스Thomas Hobbes (1588-1679)

17세기 영국 철학자 토머스 홉스의 가장 중요한 책 《리바이어 선*Leviathan*》(1651)은 사회계약 이론의 윤곽을 그려내고 서구 정치철학 발전의 토대를 마련해준 명작이다. 영국내전 기간에 씌어진 이 책은 정부나 외적 규칙이 없는 자연 상태의 인간 조건에 천착하는 홉스 철학의 기틀을 제시하는 한편, 이 같은 상황에서 발생하는 갈등과 사회 불안의 원인을 고찰하고 있다. 홉스는 왕당파로서 백성들이 합의를 통해 옹립한 군주의 절대 권력을 옹호했다. 그는 내전 결과에 겁을 먹고 영국을 떠나 파리에 정착한 뒤 신학자 겸 수학자 마랭 메르센Marin Mersenne이 이끌고 데카르트와 파스칼이 포함되어 있던 유명 지성인들의 모임에 합류했다.

홉스 철학의 핵심은 '만인이 만인의 적'인 인간 본성에 대한 비관적 시각에 있다. 자연 상태에서의 인간은 본질적으로 자신의 이익과 욕망에 따라 움직인다는 그의 주장은 '인간의 삶은 고독하고 빈곤하고 괴롭고 잔인하고 짧다.'라는 《리바이어선》의 한 구절에 함축되어 있다. 그는 강력한 중앙정부가 없을 경우 사회는 와해해 끊임없는 분쟁의 악순환에 시달리며, 인간 삶을 풍요롭게 해줄 예술, 여가, 문화도 없을 것이라고 믿었다.

그는 또 사회의 '선'(또는 바람직한 것들)과 '악'(또는 바람직하지 못한 것들)을 명확히 구분했으며, 모든 인간은 본질적으로 동등하지만 자신의 욕망을 이기적으로 따르기 때문에 이런 성향을 통제하지 않을 경우 전쟁과 '무지의 암흑'이 초래된다고 주장했다.

그러므로 혼란을 막기 위해서는 사회를 결집시키는 사회계약이 필요하다고 그는 강조했다. 사회가 합의를 통해 군주의 절대의지에 따라 지배되기를 선택할 경우, 백성은 평화와 안전을 위해 천부권인 자유의 일부를 양도해야 하며 반대로 군주는 백성의 안위를 보장할 의무를 진다고 홉스는 주장했다. 사실 그의 이러한 사회계약론은 기존의 왕권실수설에 대한 도전이었다.

## 만인에 대한 만인의 전쟁은 불가피한 것인가

'여가는 철학의 어머니다'라는 홉스의 시각은 아마도 데번셔 공작 윌리엄 캐번디시 가에서 아이들의 가정교사로 일하며 많은 특혜를 누린 경험에서 싹텄을 것이다. 그는 공작의 아들 윌리엄과 함께 수차례 대륙 여행을 떠나 과학, 철학의 새로운 방법론과 모델을 접했을 뿐 아니라 당대 유럽을 대표하는 사상가들과 교류할 수 있었다. 이처럼 수준 높은 여가만이 철학을 통해 공공의 선을 향한 자유의지를 행사할 수 있도록 인류를 고무하는 유일한 수단이라고 홉스는 생각했다.

1651년 홉스가 영국으로 돌아와 출간한 《리바이어선》은 과연 큰 논란을 불러일으켰다. 홉스는 이 책이 철학 풍토를 쇄신하고 대격변기를 보내는 영국이 안정을 되찾는 데 일조할 것으로 기대했다. 그리하여 '만인에 대한 만인의 전쟁'으로 치닫는 사회를 구조할 수 있기를 간절히 바랐다. 하지만 그는 오히려 사방에서 공격을 받는 신세가 되고 말았다. 의회파는 홉스의 군주 통치권 지지를 배격했고, 강경 왕당파는 왕권신수설을 일축하는 홉스의 태도에 분노했다. 교회 역시 종교적 해석을 비판하면서 과학에 근거해 육체를 떠난 영혼과 정신을 수용하지 않는 그를 무신론자로 몰아붙였다.

홉스 생전에 《리바이어선》을 칭송하는 이들은 거의 없었다. 하지만 세월이 흘러 이제 그의 책은 정치과학 발전에 가장 크게 기여한 고전 중 하나로 인정받고 있다. 나아가 그가 주창한 사회계약론은 동시대의 존 로크와 장 자크 루소를 포함한 수많은 사상가들에게 지대한 영향을 미치며 서양 사상사의 물줄기를 바꿔놓았다.

플라톤

"한 시간의 놀이가

일 년간의 대화보다

그 사람을 더 잘 알게 해준다."

You can discover more about a person in an hour of play

than in a year of conversation.

플라톤Plato (기원전 427–347)

대개 플라톤으로 추정하고 있지만 이 말을 남긴 이가 정확히 누구인지에 대한 논란은 아직도 계속되고 있다. 우선 '놀이'가 대화보다 진리를 더 잘 드러낸다는 주장부터가 플라톤이 그토록 중시했던 변증법과 대치되는 것처럼 보인다는 사실이 문제다. 플라톤과 소크라테스에게 진리란, 합리적이고 조리 있는 논쟁을 통해서만 도달할 수 있는 최고의 이상이었다. 변증법적 추론의 목적은 토론을 통해 이견을 해결하고, 가설들을 검토해 지식을 얻어 사실을 확립하는 데 있다.

그런데 위 인용문 '한 시간의 놀이가 일 년간의 대화보다 그 사람을 더 잘 알게 해준다.'는 사람들이 대화보다 놀이를 할 때 자신의 참 모습을 더 쉽게 드러낸다고 암시하는 셈이다.

## 놀이, 가장 행복한 인생 학교

즐거운 놀이를 할 때면 본래 말수가 적은 사람조차 방어벽을 허무는 건 사실이다. 하지만 그 반대도 측면도 있으니, 경쟁심으로 인해 극도로 불합리한 행동을 하고 평소라면 쉽사리 보이지 않을 열정과 적극성을 내비칠 수도 있다.

그리스 화병에 그려진 에페드리스모스 경기 장면.

수많은 시행착오를 거치며 삶을 학습할 수밖에 없는 우리 인간에게, 놀이
는 자긍심을 유지하면서 새로운 것을 배우는 가장 안전한 방법이다. 그런
면에서 플라톤은 놀이를 통한 배움의 중요성을 강조한 것인지도 모른다.

하지만 어쩌면 플라톤은 (실제로 그가 이 말을 남겼다고 가정한다면) 상상력에 탐닉하는 인간의 행위를 '놀이'라는 단어로 표현한 것은 아닐까? 아이들은 어려서부터 자연스럽게 놀이를 한다. 그들은 성인들의 가치와 개념에 구속받지 않는 상태에서 상상 속 놀이와 모방을 통해 세상과 사회를 배워나간다. 놀이의 최대 속성 중 하나가 자신도 의식하지 못하는 사이에 살아가는 지혜를 터득할 수 있다는 점이다. 인간은 수많은 시행착오를 거치며 학습하는데, 놀이는 자긍심을 유지하면서 새로운 것을 배우는 가장 안전한 방법이다. 성인이 된 인간은 다른 일들에 정신이 팔려 놀이 자체를 위해 놀이를 하고 상상력에 탐닉하는 법을 잊어버린다.

그러니까 플라톤은 놀이를 통해서만 반영되고 표출될 수 있는 우리의 순전한 본래 자아를 재발견하라고 촉구하는 것인시도 모른다.

"행복은

　최고의 선이자 미덕의 구현이며 완벽한 실행으로,

　　　　이를 성취하는 이들도 있지만

거의 또는 조금도 갖지 못한 이들도 있다."

Happiness is the highest good, being a realization and
perfect practice of virtue, which
some can attain, while others have little or none of it.

아리스토텔레스Aristotle (기원전 384–322년)

우리는 흔히 다양한 분야에 관심을 보이는 사람을 일컬어 '박식가polymath'라고 표현한다. 하지만 '호사가diletante' 정도로 묘사하는 게 맞을 대상을 과하게 포장하는 데 잘못 쓰이는 경우가 대부분이다. 예컨대 신문 칼럼을 기고하고 시사 문제에도 관심이 있으며 텔레비전의 볼룸댄스 경연 프로그램까지 석권하는 유명 인사를 박식가라고 묘사하는 일이 그렇다. 이 단어는 '다양한 지식을 많이 갖고 있음'을 의미하는 그리스어 '폴루마테스polumathes'에서 비롯되었다. 그리고 아리스토텔레스야말로 진정한 의미의 박식가였다.

## 에우다이모니아…, 최고의 행복

아리스토텔레스는 서양철학에 남긴 공헌의 절대적인 폭과 깊이만으로도 결코 과소평가해서는 안 된다. 그는 물리학, 형이상학, 시, 연극, 음악, 논리학, 수사학, 언어학, 정치, 정부, 윤리학, 생물학, 동물학 등에 관해 글을 썼을 뿐만 아니라 플라톤 밑에서 공부한 뒤 '리세움'이라는 학교를 세웠고 어린 알렉산더 대제의 가정교사로 일하기까지 했다. 철학에 대한 아리스토텔레스의 주요 공적은 형식논리학 관련 문헌들(《오르가논*The Organon*》이라는 제목으로 묶였다), 그리고 연역적 추론법인 '삼단논법*syllogism*'의 사용에서 두드러진다. 간단히 말해 삼단논법은 대전제 A, 소전제 B, 그를 통해 연역할 수 있는 명제 C, 이렇게 세 단계의 전제를 이용하여 결론에 도달하는 방법을 가리킨다.

이를테면 이런 식이다.

대전제: 모든 인간은 죽게 마련이다.

소전제: 소크라테스는 인간이다.

결론/명제: 그러므로 소크라테스는 죽게 마련이다.

C가 논리적 명제가 되기 위해서는 A와 B가 옳아야만 한다.

아리스토텔레스는 형식을 '발명'한 철학자로 일컬어지곤 하는데 사실 그는 이런 식으로 형식논리를, 특히 오류와 거짓 지식을 피하기 위해 논리가 밟을 길을 최초로 탐구한 사람이라고 보는 편이 맞다. 아리스토텔레스가 모든 학문 분야에 활용한 체계적 접근법은 그가 분류와 정의를 무척 좋아했음을 보여준다. 그는 특정한 철학적 현상을 가리키는 어휘가 없으면 직접 만들어냈다.

'행복은 최고의 선이자 미덕의 구현이며 완벽한 실행으로 이를 청취하는 사람도 있지만 거의 또는 조금도 갖지 못한 이들도 있다'는 말은 그의 리세움 강의 내용을 담은 것으로 짐작되는 열 권짜리 두루마리 서책 《니코마코스 윤리학*Nicomachean Ethics*》에 나온다. 선하고 유덕한 삶이 어떤 것인지를 논하는 이 책에서 그는 행복이라는 개념을 추상적인 의미에서의 즐거움이나 쾌락과 관련된 행복이 아닌, '탁월'과 '안녕'을 뜻하는 그리스어 단어 '에우다이모니아*eudaimonia*'와 같이 사용하고 있다. 따라서 잘 산다는 것은 선을 행하는 것, 그리고 인간의 모든 행동은 결과나 목적이 있는 법이므로 전력을 다해 그 행동이 성취하고자 하는 선을 추구하는 것을 의미한다. 인류가 진정 행복하기를 원한다면 최고의 선이야말로 모든 행동의 목적이 되어야 한다. 나아가 그것은 또 다른 목적을 달성하기 위한 수단이 아니라 그 자체로서의 목적이라야 한다.

이런 점에서 아리스토텔레스는 이성과 지성으로 개인의 욕망을 통제함으로써 성취할 수 있는 행복을 '미덕의 구현이자 완벽한 실행'으로 보았다. 그에게 욕망 충족이나 물질적인 재화 획득은 그리 중요하지 않았다. 행복한 사람은 미덕 자체를 보상으로 여기며 이성과 욕망 사이의 자연스럽고 적절한 균형을 찾기 위해 조화와 절제를 행사하기 때문이다. 그러므로 진정한 행복은 인간 삶을 완전하게 만들어주는 미덕을 배양해야만 누릴

한 문장의 철학

라파엘로가 1509~1511년에 그린 '아테네 학당' 프레스코.

"한 마리의 제비가 봄을 불러오지 않는 법이다."
아리스토텔레스는 완벽한 행복이란 오직 일관되게 지속되는 미덕의 이행을 통해서만 구현된다고 믿었다. 그러므로 행복한 삶은 평생이 소요되는 일이었다.

수 있다. 아리스토텔레스는 완벽한 미덕을 이행하는 일이 평생 동안 일관되게 지속되어야 한다고 말한다. '행복한 삶은 평생이 소요된다. 한 마리의 제비가 봄을 불러오지 않는 법이다.'

그의 《니코마코스 윤리학》은 중세 기독교 신학 발전에도 중대한 영향을 미쳤다. 아리스토텔레스의 주저 몇 권을 토마스 아퀴나스Thomas Aquinas가 펴내면서 이 책들을 통해 아리스토텔레스의 사상과 가톨릭의 주요 미덕을 접목시켰기 때문이다.

한편 아리스토텔레스의 저술은 초기 이슬람교 철학에서도 적지 않은 역할을 수행했다. 덕분에 그는 이슬람 사회에서도 '최초의 스승'으로 추앙받았다.

"용감한 사람은
    적뿐 아니라 쾌락까지 극복하는 사람이다."

The brave man is he who overcomes not
only his enemies but his pleasures.

데모크리토스Democritus (기원전 460-370)

고대 그리스 철학에서 데모크리토스(그리스어로 '민중에서 선택된 자'를 의미함)의 공헌은 우주의 본래 상태에 관한 물질주의적 시각을 가리키는 '원자 이론'에 집중되어 있다. 데모크리토스는 스승 레우키포스Leucippus(기원전 480-420)의 사상을 체계적으로 확장해 자연세계는 '원자atom'('자르지 않은' 또는 '불가분의'를 뜻하는 그리스어 형용사 '아토모스atomos'에서 나온 말)와 '진공void'이라는 두 가지 물체로 이루어져 있다는 개념을 제시했다. 갖가지 모양과 크기의 무수한 원자가 진공 안에서 떠돌다가 서로 결합하거나 밀쳐내는 것이 우주인데, 원자들은 인간의 눈에 보이지 않는 미세한 가시를 이용하여 결합하지만 결국에는 해체되고 분리된다는 것이다.

원자론은 변화하는 우주의 상태를 어떻게 이해해야 하는가라는 철학적 질문에 대한 응답의 성격이 짙었다. 현실에 대한 인간의 지각을 놓고 씨름했던 파르메니데스Parmenides 등 이전 철학자들은 무無에서 무엇인가가 생겨난다는 것은 불가능하기 때문에 모든 변화는 일종의 환각이라고 추론했다. 하지만 원자론자들에게 변화는 끝없이 계속되는 원자들의 진공 내 움직임, 그리고 상대적으로 변화하는 원자들의 위치를 통해 식별 가능

1630년 스페인 화가가 그린 '웃는 철학자 데모크리토스'.

생전에 '웃는 철학자'로 불렸던 데모크리토스. 그가 남겼다고 전해지는 말들 중 다수는 우리의 영혼을 순화하고 정화하는 수단으로서 명랑함을 중시하고 있다.

한 것이었다.

데모크리토스의 글은 소크라테스와 마찬가지로 주로 후세 저술가와 철학자들의 전언을 통해 살아남았다. 데모크리토스의 윤리적·도덕적 철학은 여러 격언과 경구들에 담겨 있는데, 정말로 그의 전언인지를 두고 학계에서는 아직도 논쟁을 계속하고 있다.

그는 생전에 '웃는 철학자'로 불렸으며 그가 남겼다고 전해지는 말들의 다수가 영혼을 순화하고 정화하는 수단으로서 명랑함을 중시하고 있다. 선량함은 인간의 내면에서 비롯되는 것, 다시 말해 외부의 관념이 아니라 이미 내면에 존재하며 두려움과 유혹의 정복을 통해 배양돼야 하는 것이라는 주장이다.

## 욕망은 넋이다

데모크리토스 윤리학의 일부 시각은 온건한 쾌락주의의 한 형태를 장려한다는 점에서 동시대 동료 원자론자 에피쿠로스 Epicurus(기원전 341-270)와 같은 입장을 보인다. 바로 세상과의 조화 및 영적 정화를 이루기 위해서는 고통과 불안을 극복하고 분노와 증오를 통제하는 것이 매우 중요하다는 시각이다.

'용감한 사람은 적뿐 아니라 쾌락까지 극복하는 사람이다.'

라는 명언은 이런 맥락에서 나왔다. 쾌락은 최고의 존재 상태이지만, 다른 모든 것을 제치고 쾌락만을 추구한다면 영혼이 손상된다. 따라서 영혼을 타락시킬 수 있는, 잠재적으로 해로운 유인을 통제하기 위해 적당히 즐겨야 한다는 것이다. 그러므로 진실로 '용감한 사람(정의롭고 선량한 사람)'이란 해로운 감정을 극복하고 욕망의 덫에 주의하면서 삶의 좋은 것들을 즐기는 사람'이다.

소크라테스, 플라톤, 아리스토텔레스처럼 고대 그리스의 대표 철학자 반열에는 들지 못하지만 데모크리토스는 자연철학, 수학, 인류학, 윤리학 등 다양한 분야에서 제자들을 가르치고 글을 썼다. 그가 체계화한 원자론은 18세기와 19세기에 개발된 많은 원자구조 개념의 출발점이 되었고, 그리하여 데모크리토스는 '현대 과학의 아버지'라 불린다.

# 종교와 신앙에 관하여

## Religion and Faith

마키아벨리

니체

볼테르

마르크스

키르케고르

베이컨

성 아우구스티누스

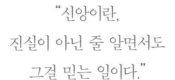

"신앙이란,
진실이 아닌 줄 알면서도
그걸 믿는 일이다."

✝

Faith is believing something you know ain't true.

마크 트웨인Mark Twain (1835-1910)

신, 신앙, 종교라는 관념은 행복이라는 관념과 더불어 수많은 철학적 질문을 양산해냈다.

위대한 사상가들 중에는 신(또는 신들)의 존재, 맹목적 신앙이 야기하는 문제들, 조직화된 종교의 표리부동성 등에 대한 의문을 제기했다가 곤경에 처한 이들이 많다. 이단, 불신앙, 노골적인 무신론 등의 혐의는 특히 종교재판이 횡횡하던 시대에는 심각하고 명백한 죄였다. 또한 믿음이라는 이름 아래 저질러졌던 온갖 폭력과 살인, 부도덕과 무자비함, 그리고 오늘날에도 여전히 대부분의 세계 분쟁이 종교적 불관용과 맹신에서 비롯되고 있다는 사실까지 생각하다보면 종교에 관한 우리의 사유는 비판을 넘어 서글픈 감정으로까지 치닫는다.

종교와 관련된 철학자들의 명언 중 다수는 미국의 소설가 마크 트웨인이 조롱조로 피력한 앞의 신앙 정의, '신앙이란, 진실이 아닌 줄을 알면서도 그걸 믿는 일이다.'와 유사하다.

그러나 종교와 신앙에 대한 철학자들의 사유가 모두 다 이렇게 비판적인 것만은 아니다.

  적지 않은 과오에도 불구하고 종교는 유사 이래 가장 믿을 만한 인류의 정신적 안식처 역할을 담당해왔다. 나아가 수많은 예술 작품이 종교적 열정과 영감을 통해 탄생했다. 사상적 측면에서도 많은 학자들은 진지하고 신중하게 신과 신앙이라는 관념, 그리고 종교사상이 관리되고 전달되는 제도와 인간 이성 간의 관계를 탐구해왔다. 놀랄 만한 양의 저술을 남긴 성 아우구스티누스St. Augustine가 대표하듯 신학사상이 서양 철학 발전에 미친 절대적인 영향 역시 강조하지 않을 수 없다.

마키아벨리

"신은 모든 것을 해버림으로써
　　　　우리의 자유의지와 우리 몫의 영광을
빼앗고 싶어하지 않는다."

God is not willing to do everything, and thus take away our
free will and that share of glory which belongs to us.

니콜로 마키아벨리Niccolo Machiavelli (1469-1527)

마키아벨리는 정치과학과 철학적 사실주의의 아버지로 인정받는 이탈리아의 철학자이자 정치가, 역사가였다. 이전까지 가장 두드러지는 철학 형태는 이상주의였다. 그러나 르네상스 시대에 출생한 마키아벨리는 인류에 대해 보다 객관적이고 현실적인 시각을 채택했으며 세상의 이상이 아닌 현상을 연구했다.

마키아벨리는 《군주론*The Prince*》(1513)에서 자신의 정치철학을 제시했다. '마키아벨리언*Machiavellian*'이란 단어는 교활한 기회주의자 혹은 파렴치한 수단을 사용해 권력을 쥐는 정치 지도자, 잔인하고 냉혹한 체제 위에 군림하는 독재자들을 가리키는 데 자주 사용된다.

하지만 많은 비평가와 학자들은 《군주론》이 전체주의적 전술의 안내서처럼 잘못 해석되는 점을 지적하면서 안타까워했다. 정치 권력을 어떻게 얻고 유지할지에 대한 분석 내용이 과도하게 강조되면서 온건한 정치적 시각이 가려지는 폐해가 계속되었다는 말이다. 사실 《군주론》은 권력 획득에 대한 논고일 뿐 아니라 종교적 교리 및 윤리 비판을 아우르며 인간 조건에 대해 다층적이고 복잡한 분석을 제시하는 책이다.

당시 마키아벨리가 거주하던 피렌체는 극도의 정치적 격변이

한 문장의 철학

몰아치던 곳이었다. 바로 그런 시기에 씌어진 《군주론》은 끊임 없는 전쟁과 폭동에 대한 마키아벨리의 좌절감이 낳은 산물일 가능성이 높다.

### "군주는, 지배자로서의 효능으로 심판할 것."

《군주론》의 으뜸 주제는 유능한 지배자('군주')란 어떤 자질을 갖추어야 하는가이다. 플라톤과 아리스토텔레스 같은 고대 철학자들이 정치적 권력은 신으로부터 부여된다고 믿었던 것과 달리 마키아벨리는 권력이 그것을 잡을 능력이 있는 누구에게나 열려 있다고 주장했다. 그의 철학은 권력 획득 수단이 아니라 결과에 집중되어 있었다. 수단이야 어떻든 상관없다고 그는 믿었다. 그리고 도덕 또는 미덕에는 두 가지 형태가 있는데, 하나는 지배자가 채택한 것이고 다른 하나는 백성이 따르는 것이라고 주장했다. 군주의 도덕성은 보편적 미덕이나 종교적 교리가 아니라 지배자로서의 효능으로 심판해야 하고, 정치적 결정을 내릴 때 군주가 고려해야 하는 단 하나의 요소는 국가의 안정과 자신의 권력 유지를 위해 가장 유익한 결과는 무엇인가라고 그는 생각했다.

그는 또 정교 분리를 옹호하는 듯한 시각을 취하면서도 질서 유지에 있어 종교가 수행하는 역할의 중요성을 인정했다. 그리고 실상은 그렇지 않더라도 백성에게는 군주가 신앙심이 깊고 유덕하게 보이는 것이 현명하다고 생각했다. 교황 알렉산데르 6세의 아들 체사레 보르자의 잔혹한 정권을 목도했던 마키아벨리는 가톨릭교회가 비록 부패했지만 백성을 통제하는 데는 강력한 도구임을 간파했다. 그래서 권력 획득에 있어 교활하고 영리했던 지배자의 사례로 체사레 보르자를 들었을 뿐이다.

마키아벨리는 교황의 후광을 업고 권력을 장악한 보르자가 지배자의 행동은 신의 뜻을 받들어 지상에 펼치는 것이라고 한 주장에 절대 동의하지 않았다. 인간은 신의 섭리나 종교와 무관하게 스스로의 목적을 위해 자유의지를 행사할 수 있다고 그는 피력했다. '신은 모든 것을 해버림으로써 우리의 자유의지와 우리 몫의 영광까지 빼앗으려 하지 않는다'는 말은 이런 맥락에서 나온 마키아벨리의 강력한 경구이다.

《군주론》에는 이를테면 잔인함과 살인을 권력 획득의 정당한 수단으로 옹호하는 등 수상쩍은 논리가 발견되는 게 사실이다. 그럼에도 불구하고 마키아벨리의 저술은 이상주의에서 사실주의로의 급진적 전환을 대표하는 명작이자 그것이 씌어진 시대의 정치문화를 반영한다는 중요한 역사적 의미를 띤다.

니체

"신은 죽었다.

　　　　　　　　그는 지금도 죽어 있다.

그리고 신을 죽인 것은 우리다."

God is dead! He remains dead! And we have killed him.

프리드리히 니체Friedrich Nietzsche (1844-1900)

프리드리히 빌헬름 니체는 19세기 독일 철학자로 사후 한 세기가 지난 오늘날까지도 지속적으로 논란을 불러일으키며 엇갈린 평가를 받는 인물이다. 종교인 가정에서 태어난(아버지가 엄격한 루터교 목사였다) 그는 본과 라이프치히의 대학들에서 공부하며 뛰어난 철학도로 두각을 나타냈다. 본래 부친의 뒤를 이어 목사가 될 생각을 했으나 아버지와 남동생이 사망한 이후 신앙에 회의를 품게 됐다.

니체는 스물네 살 때(이미 독일 문헌학에 대한 주목할 만한 논문을 몇 편 쓴 터였다) 아르투르 쇼펜하우어Arthur Schopenhauer 의 이론을 접하면서 인간 삶에 대한 비관적 시각에 깊이 매료되었고, '합리적인 것은 실재하며 실재하는 것은 합리적이다.'라는 헤겔Hegel의 언명에 사로잡혔다.

## 권력 의지야말로 인간 힘의 원천

니체 철학의 중심으로는 그가 인간의 삶에 있어 으뜸가는 추진력으로 간주한 '권력에의 의지'라는 관념, 특히 '마흐트겔뤼스트Machtgelust' 또는 힘의 욕망을 들 수 있다. 쇼펜하우어는 인간의 삶을 원초적 생존 의지, 즉 번식하고자 하는 욕구와 살아남기 위한 투쟁에 의해 지배되는 것으로 보고 그로 인해 세상의 모든 고통과 불행이 초래된다고 생각한 반면, 니체는 권력 의지를 인간 힘의 원천이 되는 것으로 보았다.

니체는 인간의 도덕적 가치가 바로 선(건강과 힘, 권력과 같은 영웅적 가치들로 형상화된다)과 악(가난하고 약하고 병든 사람들로 형상화된다) 사이의 대립에서 생겨났다고 주장했다. 그는 이 대립을 '주인의 도덕'이라고 규정했다. 그가 보기에 종교적 선(자선, 경건, 절제, 온순, 그리고 궁극적으로 굴종과 같은 관념들로 형상화된다)과 악(잔인성, 이기심, 지배, 부와 같은 관념들로 형상화된다) 사이의 구별로부터 가치가 발생하는 기독교는 주인의 도덕에 반대되는 '노예의 도덕'을 조장했다. '노예의 도덕'은 유대인과 기독교도들이 로마제국주의의 가치를 뒤집어엎고 권력을 얻기 위한 전략의 하나로 생겨났다는 게 그의 생각이었다.

## 속된 인간이 신을 죽였다

기독교라는 이름을 띤 '노예의 도덕'은 권력, 힘, 창조력에의 의지를 억제시키며 이들을 본질적으로 사악한 것으로 배제하는 위선적 사회 병폐라고 그는 보았다.

1869년, 25살 나던 때의 니체.

'우리는 살인자 중의 살인자인 우리 자신을 어떻게 위로해야 할까?
세상이 가졌던 것 중에 가장 거룩하고 강했던 것이 우리 칼을 맞고 피 흘리
다 죽었다.
누가 우리에게서 이 피를 닦아줄까?'

니체가 책을 쓰던 당시는 다윈의 종의 기원 및 자연선택 이론이 신과 종교에 대한 전통 기독교적 시각에 크나큰 영향을 미치던 시기였다. 이 같은 과학 발전과 유럽 세속화가 사실상 '신을 죽였다'고 그는 주장했다. 니체는 종교가 제공하던 보편적 시각이 사라지면서 당장은 인간 삶이 허무하고 의미 없는 것처럼 여겨질 수도 있지만(허무주의 또는 '공허'로의 추락) 이제 비로소 각 개인이 새로운 문명의 토대가 될 새로운 윤리적 가치를 구축할 자유를 얻게 되었고 그로 인해 우리 자신이 사실상 '신이 될' 수도 있다는 의견을 제시했다.

니체는 수많은 격언과 수사학적 선언, 그리고 기존 철학 유파에 대한 논쟁과 공격으로 가득한 완강한 문체를 사용했다. 그는 평생 병약한 몸과 정신질환에 시달렸는데, 바로 그것 때문에 그의 저술이 고르지 않고 일관성이 부족한 경향을 보였으리라 추측하기도 한다.

아이러니라 할 만한 것은 전통 학문의 규율과 엄밀성을 피한 니체 철학이 정치적 좌파와 우파 모두에게 다른 해석의 여지를 남겼다는 사실이다. 가장 두드러진 예로 히틀러와 나치의 '주인 인종' 이념을 들 수 있다. 그럼에도 불구하고 수사 의문문을 풍부하게 활용하는 니체의 문장은 아래 예에서 드러나듯 기묘하게 시적인 힘이 있다.

신은 죽었다. 신은 지금도 죽어 있다. 그리고 신을 죽인 것은 우리다. 하지만 아직도 그의 그림자가 흐릿하게 드리워져 있다. 우리는 살인자들 중의 살인자인 우리 자신을 어떻게 위로해야 할까? 세상이 가졌던 것 중에 가장 거룩하고 강했던 것이 우리 칼을 맞고 피 흘리다 죽었다. 누가 우리에게서 이 피를 닦아줄까? 우리를 씻을 물이 어디 있을까? 그 어떤 속죄의 축제를, 그 어떤 신성한 놀이를 우리는 발명해야 할까? 이 행위의 위대함이 우리에게 너무 위대한 것은 아닐까? 바로 우리 자신이 단지 그럴 가치가 있는 것처럼 보이기 위해 신이 되어야 하지 않을까?

ㅡ《즐거운 과학*The Gay Science*》 125장 (1882)

볼테르

"신이 없다면,

　　　신을 만들어야 할 것이다."

If God did not exist, it would be necessary to invent him.

**볼테르**Voltaire (1694–1778)

볼테르는 희곡, 시, 소설, 에세이, 역사서와 과학서, 2만 1,000통 이상의 편지, 2,000권 이상의 책과 소책자를 비롯해 방대한 양의 작품을 남긴 프랑수아 마리 아루에Francois-Marie Arouet의 필명이다. 그의 가장 인기 있는 산문 여러 편은 모험으로 가득한 삽화성의 기사도 로맨스이다.

볼테르의 가장 유명한 저서 《캉디드Candide》(1759)는 고트프리트 라이프니츠Gottfried Lebniz 철학에 대한 집요하고 지독한 공격을 중심으로 이루어져 있는데 특히 라이프니츠의 철학적·도덕적 낙관주의를 비꼬아 풍자한다.

**"나에게 신은, 신앙의 문제가 아니라 이성의 문제다."**

볼테르의 주요 사상은 《철학 사전》에 집대성되어 있다. 1764년에 발표한 이 책은 프랑스의 기성 정치권, 특히 가톨릭교회를 공격하는 기사와 에세이, 소논문들로 이루어져 있다. 그가 옹호한 공민 관련 사안들 중에는 정당한 재판을 받을 권리, 출판의 자유, 언론의 자유, 타 종교에 대한 관용 등이 있었다. 반면 그는 15~18세기 기간 프랑스의 사회·정치적 구조를 가리키는

'앙시앵 레짐'에 내재한 위선과 부정을 폭로하고 비난했다. 그는 '앙시앵 레짐'이 서민과 중산층을 등쳐먹는 부패한 세제를 토대로 성직자와 귀족만 특혜를 누리는, 권력의 불균형 구조에서 비롯된다고 굳게 믿었다. 당시 교회는 부패와 불의에 공모하는 데 그치지 않고 이 같은 국가 체제의 요직을 차지하고 있었다. 그러므로 성직자들에 대해 볼테르가 분노한 것은 당연했다. 조직화된 종교에 철저하게 반대했던 그는 가톨릭교에 몹시 비판적이었으며 성경은 신의 말이 아니라 인간이 만들어낸, 이제는 시대에 뒤떨어진 법률과 도덕에 관한 참고서일 뿐이라고 주장했다.

하지만 이와 같이 급진적인 시각에서 벗어난 흥미로운 사례들도 있다. 헌법 군주제 확립을 주장하는 정열적이고 박식한 에세이를 썼던 볼테르가 다음 에세이에서는 무지하고 몽매한 대중에게까지 발언권을 주는 민주주의의 주된 요소에 반대한 것이다. 플라톤이 그랬듯 볼테르도 수정 절대주의의 관점에서 군주가 수행하는 사회적 역할을 바라보았다. 수정 절대주의란 왕 또는 여왕이 왕국과 백성의 안위를 그 무엇보다 중시하는 조언자들의 인도 아래 국가를 지배하는 체제를 가리키는 것으로, 이는 사회 전반의 부와 안정을 보장하는 것이 곧 군주 자신의 이익이기 때문에 가능하다는 이론이다.

'신이 없다면 신을 만들어야 할 것이다.'라는 명언이 자주 인용되면서 무신론자라는 오해를 받기도 했지만 사실 볼테르는 교회에 대한 비판과는 별개로 신을 믿었고 자신만의 예배당을 짓기도 했다. 이 단언은 논쟁 시집 《세 협잡꾼의 저자에게 보내는 편지》에 나온 것으로 여러 문명이 자연 현상을 설명하기 위해 신을 창조했던 사실에서 보듯 신의 존재를 묻는 질문은 대체로 중요치 않다는 의미로 해석할 수 있다. 이신론理神論의 신봉자였던 그는 신비주의와 지나치게 엄격한 종교적 가르침을 배격하는 대신 이성과 자연으로부터 영적 신앙의 바탕이 제공된다고 믿었다. '필연적인, 영원한, 지고의 지성적 존재가 있다는 사실은 내 마음 속에서 명백하다. 이것은 신앙의 문제가 아니라 이성의 문제다.'

볼테르는 잊히지 않는 격언들로 아주 유명하다. 다만 그가 남겼다고 전해지는 언론의 자유에 대한 언설 '나는 당신의 말에 찬성하지 않지만 그 말을 할 당신의 권리는 최후까지 지킬 것이다.'는 영국 작가 이블린 비어트리스 홀Evelyn Beatrice Hall이 1906년에 발표한 전기 《볼테르의 친구들》에서 최초로 쓴 것이다.

마르크스

"종교는

　　　　억눌린 존재들의 한숨이다.

(…) 그것은 민중의 아편이다."

Religion is the sign of the oppressed.
(…) it is the opium of the people.'

카를 마르크스Karl Marx (1818–1883)

철학자이자 사회과학자, 역사학자, 그리고 혁명가였던 카를 마르크스는 어떤 시각으로 보더라도 19세기에 출현한 가장 영향력 있는 사회주의 사상가이다. 생전에는 학자들로부터 대체로 무시당했지만 그의 사회·경제·정치적 사상은 1883년 사망 이후 사회주의 운동에서 급속한 승인을 얻었다.

아주 최근까지만 해도 세계 인구의 절반 가까이가 마르크스주의를 표방하는 체제 아래 살았다. 하지만 이 성공은 곧 마르크스의 본래 사상이 역사의 물결에 의해 변질되고 그의 이론이 다양한 정치적 상황에 따라 개조되었음을, 그리고 그 변질과 개조 대부분이 그 체제 아래 사는 이들에게 해로운 것이었음을 의미한다. 또한 마르크스의 저서 중 다수가 뒤늦게 출판되었다는 사실은 학자들이 아주 최근에야 그의 지적 위상을 제대로 평가할 기회를 얻었다는 것을 의미한다.

## 종교는 도착된 세상에서 꼭 필요한 발명품

마르크스는 동료 프리드리히 엥겔스Friedrich Engels와 함께 변증법적 유물론이라는 철학을 발전시켰다. 변증법 개념과 유물론을 통합한 이 철학을 통해 그는 우주 모든 것은 물질이며 존재의 모든 차원과 체계에서 끊임없이 진화가 일어나므로 규정된 경계란 인간이 만들어낸 관념일 뿐 자연에는 존재하지 않는다고 말한다. 또 우주는 상호 연결된 단일한 실체로 그 안에서 모든 요소들은 서로 연결되고 상호 의존하며 존재한다는 가설을 제시한다. 나아가 과학만이 진실을 판정할 수 있는 유일한 수단이라고 주장한다.

마르크스주의를 이해하기 위해서는 18세기와 19세기의 계몽주의를 먼저 알아야 한다. 우선 마르크스는 독일 계몽주의 철학이라는 더 큰 움직임의 일부였다. 그의 사상은 느닷없이 불쑥 나타난 것이 아니라 17세기에서 19세기까지 유럽에서 전개돼온 이론들의 연장선상에 있었다. 마르크스는 저명한 독일 철학자 헤겔이 사망한 후 조직된 청년 헤겔학파의 일원이었고 헤겔 철학은 변증법에 뿌리를 둔 것이었다.

헤겔 사후에도 베를린에서 지속적으로 전수된 그의 철학은 학생들 사이에서 이념적 분열을 불러오며 결국 좌파, 우파, 중도파 같은 분파들을 낳았다. 그중 좌파가 바로 청년 헤겔학파로 조직되는데, 그들은 헤겔의 변증법을 사용해 헤겔의 저술을 비판하기 시작했다. 헤겔 철학 자체가 완전히 확장되면 무신론적 유물론을 입증한다는 사실을 증명하고자 했던 것이다.

체코 화가 야곱 요르단스가 1621년에 그린 '기도하는 노인'.

흔히 아는 것과 달리 마르크스는 지배계급이 대중을 세뇌시키기 위해 종교를 고안하고 유지한다고 주장하지 않았다. 그보다는 삶에 대한 인간의 불만, 그리고 세상에 대한 이해 결핍이 종교를 만들어냈다고 말했다. 도착된 세상에서 살아내기 위해 사람들에게 꼭 필요한 발명품인 종교는, 세상이 바로 서는 날까지 없어지지 않을 거라고 그는 생각했다.

청년 헤겔학파는 종교 제도를 비판했기 때문에 그들 대부분이 훗날 독일과 인근 지역에서 교수직을 얻지 못했다. 마르크스도 결국 부유한 가문 출신이라는 과거와 멀어지며 평생 지속될 빈궁의 길로 들어섰다. 그는 런던에 정착하여 필생의 역작 《자본론*Das Kapital*》을 썼고 죽어서는 하이게이트 공동묘지에 묻혔다.

《헤겔 철학 우파의 비판*Critique of Hegel's Philosophy of Right*》으로 마르크스도 헤겔 논쟁에 동참했는데 책 서문의 다음 구절은 곧잘 변형되어 인용되곤 한다.

> 종교적 고난은 진정한 고난의 표현인 동시에 진정한 고난에 대한 항거이기도 하다. 종교는 억눌린 존재들의 한숨이며 비정한 세상의 가슴이며 냉혹한 실정의 영혼이다. 그것은 민중의 아편이다.

마르크스는 종교를 인간과 생산수단의 관계에서 비롯된 산물로 보았다. 삶에 대한 인간의 불만, 그리고 사회적·경제적 힘에 대한 인간의 이해 결핍이 낳은 결과라는 것이다. 그러니까 종교에 대한 마르크스의 입장은 비판정신과 과학적 진보를 무기로 종교적 시각에 맞서 싸울 것, 그럼에도 인간이 경제를 통제해 생산력으로부터 더 이상 소외되지 않을 때까지 종교는 결코 완전히 제거되지 않을 것이라는 진망이었다.

마르크스가 종교를 지배계급이 대중을 행복하게 만들기 위해 고안하고 유지하는 일종의 마약이라 주장했다고 생각하면 잘못이다. 그는 그보다 훨씬 중대한 문제들에 집중했고 그중에서도 관념적인 인간이 존재할 수 있는 기본 조건을 묘사하고 있었다. 그는 '인간은 인간, 국가, 사회의 세계다'라고, 더불어 신이라는 관념은 '도착倒錯된 세상'에서 꼭 필요한 발명품이었다고 결론지었다. 그리고 세상이 바로 서는 날에 비로소 필요가 없어지는 관념이라고 생각했다.

달리 말해서 종교는 무산계급이 척박한 생활 조건을 견디기 위한 필요물이며 혁명을 통해 정의롭고 의미 있는 사회가 창조되면, '있는' 것 즉 물질적 존재를 지닌 것 외의 다른 것을 믿을 필요가 사라진다는 주장이었다.

"기도의 기능은

　　　　신을 감화시키는 게 아니라,

기도하는 사람의

　　　　본질을 바꾸는 것이다."

The function of prayer is not to influence God, but rather
to change the nature of the one who prays.

쇠렌 키르케고르Soren Kierkegaard (1813–1855)

덴마크 출신 철학자이자 신학자인 쇠렌 키르케고르는 실존주의와 포스트모더니즘 같은 20세기 사상 유파에 중대한 영향을 미친 저서들을 남겼다. 그는 부유한 가정에서 태어났는데 독실한 신자였던 아버지 미카엘은 심한 우울증 발작에 시달렸다. 몇몇 자녀들의 때이른 죽음에서 비롯된 깊은 죄의식과 불안감이 질환의 주된 원인이었다. 키르케고르의 일기장에는 이와 같은 불행이 자신의 죄에 대한 신의 징벌이라고 믿으며, 다른 자녀들도 자신보다 먼저 죽을 것이라고 확신하는 아버지의 모습이 그려져 있다. 일곱 형제들 중 아버지보다 오래 살아남은 사람은 막내 쇠렌과 그의 형 페터, 둘뿐이었다.

## 인간에게는 세 가지 실존 영역이 있다

키르케고르는 형처럼 성직에 몸담을 생각으로 코펜하겐 대학교에서 신학을 공부했으나 필생의 연인 레기나 올센과의 약혼이 깨지면서 저술에 전념하기로 결심했다(아버지가 남긴 유산이 상당한 액수였다). 독일계 철학 풍조를 거부한 키르케고르는 특히 실재하는 것은 합리적이며 우주는 논리적 담론을 통해 이해

될 수 있다는 헤겔의 이론에 비판적이었다. 그는 개인적이고 주관적인 관점에서 최대한 잘 사는 방법, 그리고 인간이 선택의 자유를 행사하는 구조를 규정하는 데 관심을 갖고 있었다.

《두려움과 떨림》(1843)에서 키르케고르는 이른바 인간 실존의 세 가지 대조적인 영역을 탐구했다. 심미 영역에서 삶은 감각적인 쾌락과 지적 욕구의 지배를 받는다. 윤리 영역에서는 공익을 위한 도덕적 책임, 약속, 규범에 복종하도록 요구된다. 종교 영역에서는 신에게 헌신하는 삶을 위해 윤리적 기준과 보편적 공익을 포함한 모든 것을 포기하는 결단이 요구된다. 신이 아브라함에게 아들 이삭을 희생 제물로 바침으로써 신앙을 입증하라고 명하는 성경 속 이야기를 예로 들면서 키르케고르는 이 장면이 윤리 영역과 종교 영역의 분리를 보여준다고 설명한다. 아브라함에게 윤리적 선택은 아들을 죽이지 않는 것이었지만 유아 살해라는 죄를 범하면서까지 신앙을 입증하고자 했다는 것은 그가 종교 영역에 진입해 있었음을 뜻한다.

## 신이 인간에게 내린 최고의 선물은 선택의 자유

키르케고르에게 신은 신앙을 통하지 않고서는 이해할 수 없는 존재이며, 신앙이란 본질상 논리적·객관적인 것이 아니라 개인적·주관적인 것이다. 예컨대 힘겨운 시기를 지내는 인간이 신에게 힘을 달라는 기도를 올린다면, 그건 그의 실존이 종교 영역으로 이동하는 것이다. 자신의 '본질'을 보편적이고 윤리적인 형태에서 주관적이고 단일한 형태로 변화시키는 신앙에 복종한다는 의미이다. '기도의 기능은 신을 감화시키는 게 아니라 기도하는 사람의 본질을 바꾸는 것이다.'라는 그의 명언은 이런 맥락에서 나왔다. 한 인간의 기도는 객관적 증거를 지니지 못한 신이라는 존재에게 어떠한 영향력도 행사할 수 없으며, 다만 기도하는 사람을 바꿀 뿐이다.

신앙의 내재적 가치를 믿은 듯 보이는 키르케고르지만 시간이 지나면서 기독교 정교를 비롯한 조직화된 종교에 대해 비판적인 입장을 취했다. 종교의 규약과 관행들이 자유의지와 개인의 선택을 억압한다는 게 그 이유였다. 신이 인간을 창조했다면 그가 자신의 피조물에 내린 최고 선물은 옳고 그름을 선택할 자유, 믿거나 믿지 않을 자유, 어떤 것이 최선의 삶과 행동인지 숙고할 자유라고 그는 말했다. 따라서 각 개인이 자신의 신앙에 대한(또는 불신앙에 대한) 책임을 지는 것, 종교적 교리에 따라 믿음을 강요받지 않는 것이 중요하다고 그는 주장했다.

베이컨

"약간의 철학은

　　　인간의 정신을 무신론으로 이끌지만

깊은 철학은

　　　인간의 정신을 종교로 이끈다."

A little philosophy inclineth man's mind to atheism, but
depth in philosophy bringeth men's minds about to religion.

프랜시스 베이컨Francis Bacon (1561~1626)

프랜시스 베이컨 경은 엘리자베스 1세와 제임스 1세 시기에 활동한 르네상스 시대의 대표적 철학자이자 과학저술가, 변호사였다. 그는 자연철학, 정치학, 법학, 과학적 방법론, 윤리학, 종교 분야를 넘나들며 다양한 주제에 관한 글을 썼다.

부유한 귀족 가문에서 태어난 베이컨은(아버지 니콜라스 베이컨 경은 엘리자베스 궁정에서 국새상서를 지냈다) 어린 시절에는 집에서 가정교사와 함께 공부했으며 열두 살 때 케임브리지 대학교에 입학해 훗날 캔터베리 대주교가 된 존 휘트기프트John Whitgift 박사의 지도를 받았다. 그는 어린 나이에 뛰어난 재능을 발휘해 케임브리지 재학 중에는 엘리자베스 1세를 알현하기도 했으며 졸업 후에는 파리 영국 영사의 외교보좌관 직을 얻어 유럽 전역을 여행하며 외국어와 법률 지식을 쌓았다. 아버지가 사망한 후 영국으로 돌아온 그는 그레이스 인 법학원에 들어가 변호사로 일했다.

하지만 대륙에서의 외교관 경험을 통해 정치적 야심을 키웠던 베이컨은 변호사 일을 접고 정계에 진출했다. 정치인 베이컨의 경력은 퍽이나 파란만장했다. 양원 의원을 거쳐 대법관까지 지냈으나 채무불이행으로 투옥되는가 하면 부패 혐의로 고

소되기도 했다. 결국 뇌물수수 사건으로 관직에서 쫓겨난 그는 과학과 철학을 연구하고 글을 쓰며 여생을 보냈다.

## 보이지 않게 실재하는 지성의 힘,
### 그게 바로 종교다

베이컨은 귀납적 추론법의 대표적인 옹호자였다. 흔히 '베이컨적 방법'이라고 불리기도 하는 귀납법은 아리스토텔레스의 연역적 추론 방법론인 삼단논법을 배격한다. 베이컨은 그 대신 하나의 원리를 중심으로 확실한 자료들을 수집하고 관찰가능한 현상들에 대한 일반화된 결론을 도출하여 이른바 현상의 '형상form'을 찾아내는 방법을 지지했다. 청년기에 읽은 아리스토텔레스의 저술은 상상력과 호기심에 불을 지펴주었지만 이 고대 그리스 철학자의 방법론은 자연과 인간 실존의 경이를 이해하는 데 진정으로 충분한 길이 되어주기에는 지나치게 좁아 보였다.

종교와 철학에 대한 유명한 격언 '약간의 철학은 인간의 정신을 무신론으로 이끌지만, 깊은 철학은 인간의 정신을 종교로 이끈다.'는 진리, 지혜, 야망, 복수, 미신 등 다양한 주제로 쓴 에세이와 단상들을(정원과 정원 일의 미덕을 소상하게 설명하는 에세

종교와 신앙에 관하여

이도 있다) 뮤은 1612년 작《수상록_Essays_》중 무신론에 관한 글에서 나온 것이다. 〈무신론에 관하여_Of Atheism_〉는 사람들이 신앙을 잃는 이유와 무신론이 번성하는 상황을 탐구하고 있다.

엄격한 칼뱅교 가정에서 자란 베이컨은 확고한 종교적 시각을 갖고 있었으나 종교적 미신과 허례를 개탄했다. 그에게 철학이란 실험과 관찰을 통한 과학적 조사를 의미했고 신의 존재는 자연의 경이를 통해 입증될 수 있는 것이었다. 기적을 통한 계시는 인간의 이해력과 물리적 세계에 대한 지식에 반하는 것이며 이것만으로 충분한 증거가 된다고 믿었다. 성경 속에서 기적은 무신론자들을 일축하기 위한 것이 아니라 이교도들(신앙 없는 사람들)을 교육하기 위해 등장한다는 게 그의 주장이었다.

그는 무신론을 하나의 신념 체계로 본 반면 이교도들은 몽매한 사람들로 확실히 구분해 배척했다. 에피쿠로스나 원자론 추종자들 같은 고대 철학자들의 무신론에는 방법론적 깊이가 부족했으나 이후 지속된 철학적 연구(또는 자연 현상의 관찰)는 이 세상에 보이지 않게 존재하면서 지성을 갖추고 작동하는 더 높은 힘의 실재성을 인정하지 않을 수 없게 한다는 것이 그의 생각이었다.

베이컨은 무신론을 고찰하면서 평화와 풍요의 시대에는 무신론이 번성하지만 역경과 고난의 시기에는 이해와 힘, 희망을 찾는 사회가 종교에 귀의하게 된다는 말로 글을 맺는다.

그는 또 다른 에세이 〈죽음에 관하여*Of Death*〉에서 죽음에 대한 두려움을 어둠, 즉 미지의 것을 두려워하는 어린아이에 비유하면서 그 두려움은 미신(베이컨의 주된 표적 중 하나였다)에 의해 증폭된다고 지적했다.

아이들이 어두운 곳에 가기를 두려워하듯 인간은 죽음을 두려워한다. 어린아이 본래의 두려움이 여러 이야기들로 인해 커져가듯 죽음에 대한 인간의 두려움도 마찬가지다. 죄의 응보, 다른 세계로의 통로로서 죽음을 생각하는 것은 성스럽고 종교적이지만 자연에 바칠 공물로서 죽음을 두려워하는 것은 나약하다.

– 《수상록》 '죽음에 관하여' 중에서 (1612)

이 에세이에서 그는 가톨릭교의 고행을 비롯해 죽음의 고찰과 연관된 종교적 개념들을 검토한 뒤 죽음이란 자연스러운 현상이므로 두려워할 것이 없다고 결론지었다. 이어서 그는 숭고한 대의가 있을 때 고통과 수난에도 아프지 않은 것처럼 특정 상황들, 이를테면 사랑, 명예, 비탄, 불의를 바로잡고자 하는 의도(복수) 등 강력한 열정으로 죽음에 대한 두려움을 극복할 수 있다고 주장했다.

베이컨의 에세이들은 더러 분량이 몹시 짧고 체계적 논거 및 개념 분석에서부터 자의식에 찬 문학적 격언까지 문체상의 격차도 매우 크다. 하지만 그의 글들은 처음 발표된 17세기에 특히 높은 인기를 끌며 동시대 작가 및 지성인들로부터 엄청난 호응을 얻었다. 특히 앨프리드 테니슨Alfred Tennyson 경은 베이컨의 《수상록》을 즐겨 탐독하면서 다음과 같은 상찬을 남겼다. "이 작은 책은 같은 크기의 다른 어떤 책보다 많은 지혜로 가득 차 있다."

성 아우구스티누스

"우리는

　　　　　　이성만으로 진리를 알기에는

너무 약하다."

We are too weak to know truth by reason alone.

성 아우구스티누스St Augustine (354-430)

히포의 아구스티누스 또는 성 아우구스티누스는 서기 354년 로마제국 알제리의 변경 타가스테에서 태어나 기독교도로 교육받은 뒤 열일곱 살 때 라틴어와 수사학을 공부하러 카르타고로 건너갔다. 그는 거기서 친구를 잘못 사귀었는지 기독교를 버리고 바빌로니아에서 기원한 고대 우주론 종교인 마니교를 섬기며 로마제국 쇠퇴기에 흔히 볼 수 있었던 무절제한 생활에 빠졌다.

과음을 일삼고 왕성한 성욕을 채우며 쾌락주의적 삶을 살았던 것으로 보이는데 이런 생활은 그가 남긴 유명한 탄원 '내게 순결과 절제를 내리시되 아직은 이릅니다.'에 압축되어 있다.

## 모든 지식과 지혜 위에 신의 말씀이 있다

재능 있는 학자였던 아우구스티누스는 이 같은 방탕의 생활을 마치고 카르타고와 로마에서 수사학을 가르친 다음 밀라노의 로마제국 궁정 철학교수라는 신망 높은 직위를 얻었다. 이미 마니교의 신비주의에 불만을 느끼기 시작했던 그는 회의주의와 신플라톤주의 등 당시 유행하던 철학 사조에 잠시 발을 담가본 뒤인 387년, 마침내 기독교로 개종했다.

1472년 이탈리아 화가 안토넬로 다 메시나가 그린
성 아우구스티누스 초상.

젊은 날 방탕함으로 얼룩진 삶을 살던 아우구스티누스가 절망에 빠져 정원으로 들어갔던 어느 날 "책을 들어 읽어라."라는 어린아이의 음성이 들렸다.

죄로 얼룩진 자신의 삶을 되돌아보며 불안과 절망에 빠져 어느 정원으로 들어갔던 아우구스티누스의 귀에 "책을 들어 읽어라."라는 어린아이의 음성이 들려왔다는 전설이 있다. 집으로 돌아가 성경을 집어들고 아무 페이지나 펼쳐 읽은 것이 바울의 〈로마서〉였다.

단정히 행하고 방탕과 술에 취하지 말며 음란과 호색하지 말며 쟁투와 시기하지 말고 오직 주 예수 그리스도로 옷 입고 정욕을 위하여 육신의 일을 도모하지 말라.

그는 이 구절을 무절제의 생활을 버리고 경건과 그리스도를 향한 헌신의 삶을 살라는 명령으로 받아들였다.

고향인 알제리로 돌아가 종교적 삶을 살던 아우구스티누스는 아들 아데오다투스(방탕하던 시절 오랜 동거녀와 사이에 얻은 사생아)가 사망한 후 모든 재산을 가난한 사람들에게 나눠준 다음 부모로부터 물려받은 집을 수도원으로 고쳐 지었다. 391년 사제로 임명받고 395년에는 히포(현대 알제리의 아나바)의 주교가 되어 설교와 신학 및 기독교에 관한 글을 부지런히 쓰면서 살아갔다.

그는 100여 권의 책, 수백 편의 기도문과 설교서를 집필했으며 기독교 전파와 신학 발전에도 커다란 공헌을 남겼다. 성장기에 쌓은 철학과 수사학의 소양은 윤리에 관한 글들, 그중에서도 자유의지와 인간의 성에 관한 분석(성 아우구스티누스는 가톨릭의 원죄 개념을 최초로 고안했다)에 잘 드러나며 토마스 아퀴나스, 쇼펜하우어, 니체 등 후세 학자들에게 깊은 영향을 미쳤다.

아우구스티누스의 저서들 중 가장 유명하고 분명코 가장 널리 읽히는 책은 신에게 바치는 길고 자서전적인 서간모음집《고백록》이다. 이 책은 젊은 날의 죄악과 신앙 없는 불가지론자에서 독실한 신자가 되기까지의 여정을 그리고 있다. '우리는 이성만으로 진리를 알기에는 너무 약하다.'라는 문장은 특히 이 책을 읽은 많은 사람들이 기억하는 격언들 중 하나이다. 아무리 유용한 것이라도 지혜와 지식 그 자체만으로는 죄의 유혹과 악을 물리치기에 충분치 않다고 선언하는 이 말은 아우구스티누스의 노정과 구원을 한 마디로 요약해준다. 요컨대 모든 지식과 지혜 위에 있는 신의 말씀만이 참된 위로와 진리를 알려준다는 뜻이다.

# 이성과 경험에 관하여

## Reason and Experience

헤겔

로크

비트겐슈타인

칸트

사르트르

세네카

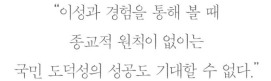

"이성과 경험을 통해 볼 때
종교적 원칙이 없이는
국민 도덕성의 성공도 기대할 수 없다."

†

Reason and experience both forbid us to expect that
national morality can prevail in exclusion of
religious principle.

조지 워싱턴George Washington (1732–1799)

데카르트, 홉스, 로크 등 17세기 사상가들이나 18세기 철학의 표현을 빌리자면 '이성의 시대'는 철학 사상에 격심한 변화를 가져왔다. 자연과학이 비약적으로 발전하면서 과거에 확실한 것으로 믿던 것들이 의심되었을 뿐 아니라 지식과 진리의 습득 및 심사 방법에서 민주주의, 대의제, 시민적 자유 같은 개념의 맹아들에 이르기까지…, 상충하기 쉬운 새로운 사상들이 한꺼번에 터져나왔다. 칸트가 〈계몽이란 무엇인가?〉라는 에세이에서 규정했듯 수문이 열린 것이다. 그가 사람들에게 '감히 알려고 들라'고 촉구하는 가운데 인간의 이성은 유아기의 몽매를 떨치고 나와 질문 많은 아이처럼 자라고 있었다.

하지만 계몽이라고 해서 모든 방향이 긍정적인 것은 아니었다. 역사상 가장 침울한 사상가였던 아르투르 쇼펜하우어가 어느 에세이에서 그날 하루 동안 그보다 더 불쾌한 일을 겪지 않으려거든 아침식사로 산 두꺼비를 삼켜야 한다고 예시했을 만큼, 이 새로운 각성의 결과에는 어두운 부분들도 적지 않게 존재했다. 기존 체제가 계몽운동을 두 팔 벌려 포용했으리라고 생각한다면 그것 또한 오산이다. 조지 워싱턴이 말한 앞의 인용문에서 볼 수 있듯 여기저기서 터져나온 자유사상과 새로운 세계관에 대해 보수주의자 및 종교 기반 도덕의 수호자들은 심히 수상쩍어하고 두려워했다.

이성과 경험에 관한 사상가들의 글은 읽기 어렵지 않아야 한다. 오늘날 우리에게는 대부분 자명하고, 심지어 당연한 이야기를 하고 있었기 때문이다. 그럼에도 불구하고 그들의 주장은 종종 이해하기 어려우며 요령부득일 때가 많다. 무엇보다도 맹렬한 지적 열의로 불타오르던 그들의 과욕이 이러한 결과를 낳았다. 지나치게 포괄적인 사상 체계를 한꺼번에 뭉뚱그려 놓았으니 당연한 일인지도 모른다. 여기에 편협하게 치달은 과열 경쟁도 한 이유였으니, 이를테면 헤겔을 병적으로 미워한 철학자 쇼펜하우어는 단지 자신의 이론이 학생들 사이에서 더 인기가 있다는 것을 증명하기 위하여 (결과는 참패였다) 헤겔이 재직하던 베를린 대학의 교수 자리를 열망할 정도였다. 그럼에도 이성과 계몽 시대는 철학사에서 매우 중요한 위치를 차지한다.

"합리적인 것은 실재하며

실재하는 것은 합리적이다."

What is rational is actual and what is actual is rational.

**게오르크 빌헬름 프리드리히 헤겔**Georg Wilhelm Friedrich Hegel (1770-1831)

게오르크 헤겔은 1770년 8월 27일 독일 슈트트가르트에서 태어났다. 튀빙겐 대학교에서 철학과 고전을 공부했고 졸업 후에는 가정교사로 일하며 신학을 연구하다 하이델베르크와 베를린에서 학생들을 가르치면서 철학과 신학 개념들을 탐구하고 글을 썼다.

헤겔은 독일 이상주의의 대표적 학자였다. 실재에 대한 그의 역사주의적·이상주의적 해석은 당시로서는 혁명적이었고 급진적 좌파 정치이념의 발전에 큰 영향을 미쳤다. 그는 1831년 콜레라로 사망할 때까지 대표작 《정신현상학》(1807)과 같은 난해한 저서들을 통해 자신의 이론을 전개했다.

《성신현상학》에는 헤겔이 일생 동안 연구할 거의 모든 것이 예시되어 있으나 체계적이지 못하고 대체로 읽기 어려운 책이라고 알려져 있다. 《정신현상학》은 객관적 정신 또는 이성의 이상주의적 계발로서의 인류 역사를 혁명과 전쟁, 과학적 발견 등을 통해 보여주고자 한다.

헤겔은 이해하기가 지독히 어렵기로 정평이 난 철학자다. 아리스토텔레스의 그리스 논리학이나 데카르트, 흄Hume, 로크의 후기 저서에 대한 기초 지식이 없는 초심자라면 기본을 익히기

전까지는 도전을 미루는 편이 낫다. 그는 학자들조차 곤혹스러워하고 이름만 봐도 겁이 나는 철학자 가운데 하나다.

한 예로 에드워드 케어드Edward Caird는 《헤겔Hegel》(1883)에서 이렇게 썼다.

완전한 헛소리를 주절거리고 전에는 정신병원에서나 들었을 무의미하고 터무니없는 말의 미로를 엮어내는 뻔뻔함의 극치가 헤겔을 통해 비로소 성취되었다. 이렇게 역사상 최대의 후안무치한 현혹이 시도됨으로써 후세가 어이없어 하는 것은 물론이고, 독일의 우둔함에 대한 기념비가 될 결과가 빚어졌다.

헤겔을 조금이라도 이해하려면 먼저 변증법, 즉 두 개 이상의 상반된 관점으로부터 결과 또는 진실을 추출하고자 하는 논쟁법의 원리와 친숙해야만 한다. 이 절차의 체계로 헤겔은 3대 '고전적 사고 법칙'의 변주를 제시했다. 즉 동일률同一律(본질적으로 자명하다고 인정되는 '진실'), 모순율矛盾律, 그리고 배중률排中律을 가리키는데 마지막 둘을 바꿔 쓰자면 모순된 진술들은 둘 다 진실일 수가 없다는 것, 그리고 둘 중 하나는 반드시 진실이어야 한다는 것이다.

헤겔 변증법은 아래 네 가지 개념에 기초한다.

- 모든 것은 일시적이고 유한하며 시간이라는 매개물 안에 존재한다.
- 모든 것은 모순들로 구성된다(상반된 힘).
- 점차적 변화는 하나의 힘이 상반된 힘을 극복하는 위기 또는 전환점으로 이어진다(양적 변화가 질적 변화로 이어진다).
- 변화는 원형이 아니라 나선형이다.

## '절대 정신'으로 가는 여정

한 마디로 헤겔은 우리의 이성이 완전한 의식 상태에 있고 깨어 있으며 계몽되어 있을 때 우리는 비로소 실재를 완벽하게 이해할 수 있을 것이라고, 실재에 대한 우리의 생각이 실재와 일치할 것이라고 믿었다. 그러므로 '합리적인 것은 실재하며 실재하는 것은 합리적이다.' 그는 이른바 '절대 정신'에 도달하기 위해 이성이 진화 과정을 거친다는 것을 보여줌으로써 이와 같은 주장을 뒷받침했다.

헤겔 철학은 하나의 여정을 필요로 하기 때문에 결과만이 아니라 과정 자체가 중요하다고 볼 수 있다. 하나의 관점(테제 thesis)에 상반되는 하나 또는 그 이상의 관점(안티테제 antithesis)이 존재하면 투쟁이 발생한다. 혁명이나 전쟁 등 논쟁의 과정 또는 연관된 논쟁은 더 높은 차원의 이해(진테제synthesis)로 이어질 수 있으며 거기에 맞서 또 하나의 안티테제가 출현하는 식으로 진실을 향한 여정은 계속된다. 헤겔은 이런 방식으로 모든 역사를 진실을 향한 불가피한 진보로 묘사한다.

헤겔 자신도 역사에 지대한 자취를 남겼다. 그의 이론은 정치적 좌파와 우파에게 고루 전파되었다. 헤겔 해석만 봐도 좌파와 우파 진영으로 나뉠 정도다.

마르크스는 헤겔의 영향을 바탕으로 역사와 실재는 변증법적으로 관찰되어야 하며 변화의 과정 즉 투쟁은 파편적인 것에서 완전한 것으로의 이동으로 간주되어야 한다는 사상을 정립했다. 이는 헤겔이 《정신현상학》에서 주장했던 바를 왜곡·발전시킨 것이지만, 실제적 관점에서 18세기 말 혁명의 기운이 달아오른 유럽을 눈앞에서 목격한 헤겔이라면 마르크스의 혁명적인 해석을 승인했을 듯싶다. 그는 해마다 프랑스 혁명 기념일을 자축했다고 전해지기도 한다.

# 막대 인간을 통한 헤겔 변증법 설명

멀고도 낯선 외계에서 찾아온 세 명의 막대 인간이 있다고 하자. 이중
A는 네모와 세모를 비롯하여 날카로운 각을 지닌 물체들의 세계에서
왔다. 그곳에는 모든 게 연한 자주에서 빨강까지의 색깔을 갖고 있다.
B의 세계에는 팔각형과 칠각형만이 있고 노랑에서 초록까지의 색깔
로 이루어져 있다. 이보다 더 이상한 C의 별에는 모든 것이 검정과 흰
색이고 일체의 각이 금지된 지 오래다.

이들 세 개의 별은 사절단을 파견하여 지구에서 발견된 물체 하나
를 놓고 토론한다. 회의는 헤겔 변증법으로 설명이 가능하다.

A는 '빨강'과 '네모'로 묘사된 현상의 존재를 가설로 세운다. 이것이
그들이 현재 갖고 있는 진실에 대한 최선의 묘사다(테제다).

B는 새로운 개념 몇 가지를 인정하지만 아직 만족하지 못한다. 그
래서 실재에 대한 나름의 개념들을 이용하여 물체는 '팔각형'이고 '노
란색'이라고 주장한다(안티테제다).

그들은 논쟁을 벌이고 논쟁 끝에 A는 날카롭지 않은 각이라는 개
념을 파악하기 시작한다. B는 노랑 바깥의 색깔 스펙트럼을 이해할
것도 같다. 둘은 함께 실재의 새로운 모습을 배우고 다듬는다. 새로
운 개념이 출현하고 그들은 그것에 '주황'이라는 이름을 붙인다(진테

제다).

　그때 C가 논쟁에 가담한다. 그는 이 색깔 개념에 흥미를 느끼며 배우고 싶어한다. 여태까지는 현상을 흰 동그라미라고만 묘사해도 충분했었다(두 번째 안티테제다).

　다시 논쟁이 이어지고 새로운 개념들이 학습되면서 주황색 동그라미라는 새로운 진테제가 출현하고 우리 모두가 그것이 태양에 대한, 보다 정확한 묘사임을 인정하기 시작할 수 있다.

　이렇게 계속되는 정제 과정을 통해 개념과 실재가 일치하기 시작한다는 것을, 그리고 각각의 지지자들에게는 똑같이 옳고 진실하며 타당한, 그러나 상반되는 실재에 대한 두 개의 관점 사이의 논쟁(진테제와 두 번째 진테제)을 통해 진실을 향한 정제가 이루어진다는 것을 알 수 있다.

로크

"어느 누구의 지식도

그 자신의 경험을

넘어설 수 없다."

No man's knowledge here can go beyond his experience.

존 로크John Locke (1632-1704)

존 로크는 '로크의Lockean' 사회계약론으로 유명한 17세기 영국의 철학자다. 로크의 사회계약론은 '자연 상태'(정부가 존재하기 이전의 이론적 사회 상태), '통치받는 자들의 동의를 얻은 정부' 그리고 생명, 자유, 재산에 대한 천부권天賦權 등의 개념을 포함한다. 로크는 또 '타불라 라사tabula rasa'(인간은 '빈 서판書板'의 정신을 갖고 태어나며 이것은 경험과 인식을 통해 차차 채워진다는 이론)라는 개념을 본격 전개한 최초의 학자이다. 최초의 영국 경험주의자로서 당시 전형적으로 영국적이라 간주된 철학의 창시자라고 할 만하다. 뛰어난 정치사상가였던 그의 통치 관련 사상은 미국 헌법 제정자들에게 커다란 영향을 미쳤다. 세속주의의 색채가 강한 사상이지만 신의 역할을 잊지 않았다는 점에서 로크는 사실상 이신론자였다.

## '타불라 라사' 그 상태로 시작

경험주의자들은 지식은 오직 경험을 통해, 그것도 주로 감각적 경험을 통해 획득되며 이 경험은 뇌를 통해 처리된다고 믿는다. '타불라 라사'는 세상에 대한 지식 구성의 원료가 될 감각

정보가 투입되기 이전의 비어 있는 정신 상태를 가리켰다.

그러므로 '어느 누구의 지식도 그 자신의 경험을 넘어설 수 없다.' 이는 데카르트의 유명한 선언 '코기토, 에르고 숨Cogito, ergo sum'(나는 생각한다, 그러므로 나는 존재한다)이 보여주듯 결론은 '아 프리오리a priori'('선험적으로' 또는 '연역적으로'.—옮긴이) 도달될 수 있다는, 달리 말해서 문제에 대한 어떤 경험도 없이 알 수 있다는 합리주의자들의 연역적 신념과는 대조되는 입장이었다.

인간은 단순한 가설들을 형성하면서 실재에 대한 관점을 정립하고 그로부터 보다 복잡한 사상들을 발전시킬 수 있다는 것이 경험주의자들의 말이다. 예컨대 '노랑'이라는 단순한 개념은 노랑을 여러 차례 경험한 데서 비롯된다. 이어서 '동그라미'와 '열기熱氣'라는 개념을 경험한다면 이 세 개념을 결합하여 태양에 대한 보다 복합적인 개념을 형성할 수 있다. 반면 합리주의자들은 인간은 노랑과 열기를 '알도록' 미리 만들어져 있으며 경험하지 않고도 태양이란 개념을 추론해낼 수 있다고 믿는다.

간단히 말해 존 로크의 인식론은 오늘날까지 이어지는 '선천성 대 후천성' 논쟁의 전조였다. 아이가 '당신한테서 저런 행동을 배운' 거라는 부부 간의 다툼에서부터 동성애의 원인과 여성 사회 역할의 본질에 대한 사회적 논쟁에 이르기까지, 모두 부분적으로 데카르트 합리주의에 대한 로크의 반대와 지식 획득 과

정의 세속화에 뿌리를 두고 있다.

로크는 또한 '개연주의자'였다. 어떤 것도 절대적이거나 확실하지 않고 따라서 논리적 추론을 통해 추측하고 정제할 도리밖에 없다고 그는 믿었다. 모든 증거가 '개연적' 연관을 말해주며 오직 '개연적' 신념으로 인도한다는 것은 로크보다 앞선 영국 철학자 홉스의 생각이었다. 본질적으로 영국적인 이 방법론은 로크가 속해 있던 지성계에서 인기를 얻으며 오늘날에도 사용되는 과학적 연구 방식을 도출했다. 바로 지식은 계량된 경험을 통해 습득되고 반복을 통해 정련된다는 관점이다.

## 경험만이 우리를 정련시킨다

많은 철학사상이 그렇듯 이 모든 것이 의미상으로 혼란스러워 보일 수 있다. 경험주의는 우의적 또는 은유적인 사례들을 통해 가장 잘 예시된다.

최초의 (위대한) 경험주의적 산문이라 불려온 대니얼 디포 Daniel Defoe의 소설 《로빈슨 크루소Robinson Crusoe》를 예로 들자. 먼저 크루소가 좌초한 섬부터 물리적 은유로 해석될 수 있다. 특히 자신이 처한 곤경에 대한 주인공의 이해 및 납득 부족 상태('타불라 라사') 묘사에서 유추는 가장 강력해진다. 크루소는

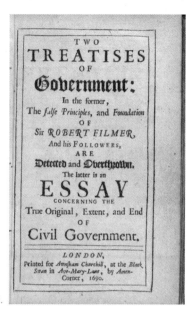

1690년에 출간된 존 로크의 《정부론》.

사회계약론에 입각한 존 로크의 정치철학은 당대 영국뿐 아니라 미국 헌법 제정자들에게도 절대적인 영향을 미쳤다.

점차 사물을 '발견'하고 '느끼'고 '찾'고 '보'면서 새로운 경험들을 '이해'하게 된다. 이어서 섬이 어떻게 돌아가는지 그리고 섬에서 자신의 위치는 무엇인지에 대한 관념을 형성하고 새롭게 얻은 지식을 이용하여 '오두막' '재료' '기구'와 같이 한결 복잡한 개념 들을 만들어내며 또한 그곳에서 어떻게 살아남을 것인지를 탐 색한다. 마침내 그는 섬을 장악하고 지배하게 된다. 이런 해석 을 믿든 아니든 단순한 모험담에 불과해 보이는 《로빈슨 크루 소》는 경험주의와 과학적 방법론이 개발되던 시기에 출현한 최 초의 영어 소설이며 따라서 디포가 적어도 무의식적으로 그 같 은 관념들을 전달한 것일 수도 있다.

## 종교 역시 예시와 증거 요구에 개방적이어야 한다

서머싯 링턴에서 태어난 로크는 옥스퍼드 대학교에서 공부했 다. 졸업 후 의사의 길을 걸을 것이 분명해 보였던 그는 1666년 훗날 샤프츠베리 백작 1세가 되는 앤서니 애슐리 쿠퍼Anthony Ashley Cooper를 만남으로써 친구와 후원자를 동시에 얻었다. 로크는 1668년 샤프츠베리의 간 포낭을 제거하는 대수술을 지 휘했는데 당대의 재사들은 샤프츠베리가 평생 간에 은 천자穿 刺를 붙인 채 살아야 한다는 사실을 무척 재미있게 생각했다.

1675년에서 1679년 사이 로크는 프랑스에 거주하면서 데카르트의 저술을 주로 연구했다. 스튜어트 왕가에 대한 의회의 반대에 적극 가담했던 샤프츠베리가 1681년 네덜란드로 도피하자 로크도 따라갔다가 오렌지 공 윌리엄이 즉위한 1688년 영국으로 돌아왔다. 이후 수년 간 그는 《인간오성론》《시민 정부론》《관용 편지》같은 대표적 철학서들을 냈고(《시민 정부론》과 《관용론》은 익명으로 펴냈다), 만년에는 《교육론》(1693)과 《기독교의 합당성》(1695)을 추가로 발표했다. 로크는 변변찮은 관직을 얻어 일했으며 여생은 다마리스 매섬 부인의 에식스 별장에서 조용히 보냈다.

영국 경험주의의 원로로 잘 알려져 있지만 로크의 철학은 생각보다 더 복잡하다. 그는 지식의 기초에서 '내재적 관념'의 존재를 부정했고 그런 점에서 반(反)합리주의자였다. 이는 경험 또는 감각과 반성이라는 개념을 인간 오성의 확고한 토대로 삼는 관점이다. 로크는 그러나 수, 모양 등 측정가능한 물리적 실재에서 얻은 어떤 지식은 주변 세계를 적절히 대변한다는 생각은 허용했다. 이것들은 사물의 1차적 형질로서 색깔, 냄새, 맛 등보다 주관적인 2차적 형질과 구별된다. 하지만 사물을 아는 능력은 전지적 신으로부터 비롯된다고 그는 믿었다. 그러므로 '우리는 우리를 제외한 다른 어떤 것보다 신이 있다는 사실을 더

욱 확실히 알게 된다.'

영국 최초의 위대한 과학혁명 철학자로, 보일Boyle과 뉴턴 Newton의 충실한 친구로 일컬어지고 있지만 로크는 자연철학이 우리에게 사물의 진정한 본질에 대해 신과 같은, 합리적이고 통찰력을 주는 과학의 자격을 갖출 수 있을지에 대해서는 의구심을 품었다. 과학적 인식론의 과제는 우리가 무엇을 알고 있는지를, 지식의 다양한 원천과 적절한 사용법을, 그리고 무엇보다도 인간 한계와 미심쩍은 능력을 보여주는 것이다. 로크는 이런 테마를 통해 자신의 인식론을 종교적 관용 옹호에 접목시켰다. 이처럼 급진적인 신조는 재산권 및 정부와 대의의 관계에 대한 연구와 함께 그가 정치철학에 남긴 불후의 공적이다.

로크의 위대함은 정신적 삶의 실제 현상에 대한 천착에 있지만 그의 철학은 사실 버클리Berkeley, 흄 등 급진적 경험주의자들과 기독교 신학 사이에서 위태롭게 균형을 잡고 있다. 종교와 도덕도 수학만큼이나 예시와 증거 요구에 개방적이어야 한다는 시각 때문에 계몽주의의 대표적 철학자로 간주되는 로크는 실상 관념의 지상권을 주장했다는 점에서 계몽주의로부터의 급진적인 이탈을 주도했다고도 볼 수 있다.

한 문장의 철학

비트겐슈타인

"말할 수 없는 것에 대해서는

침묵해야만 한다."

Whereof one cannot speak thereof one must be silent.

**루트비히 비트겐슈타인Ludwig Wittgenstein (1889–1951)**

1889년 오스트리아 빈에서 태어난 루트비히 요제프 요한 비트
겐슈타인은 카리스마와 수수께끼로 가득한 학자이자 전형적인
괴짜 외톨이 천재였다. 말하자면 컬트적 인물이 되어버린 그는
노르웨이에 외딴 오두막을 짓고 세상을 피해 철저한 은둔 속에
서 살기도 했다. 그의 성 정체성은 다소 모호하지만 아마도 동
성애자였을 것인데 성적으로 얼마나 활발했는지는 아직도 논쟁
의 대상이다. 게다가 그의 삶은 도덕적·철학적 완벽성에 대한
강박으로 지배되었던 것 같다. 또 가톨릭교 영세를 받고 가톨
릭 장례를 받았지만, 한 번도 기독교 신자로 살지도 기독교를
믿지도 않았다.

비트겐슈타인 가문은 부유한 대가족이었으며 친구로서 가깝
게 지낸 작곡가 요하네스 브람스Johannes Brahms를 비롯해 음악
계 명사들이 자주 드나들었다. 비트겐슈타인에게 음악은 평생
토록 중요한 존재였다.

그의 성장기에는 어두운 그림자들도 많았다. 루트비히는 8
남매의 막내였는데 형 넷 중 셋이 자살했던 것이다.

비트겐슈타인은 베를린에서 기계공학을 공부한 뒤 1908년
항공학 연구를 위해 맨체스터로 건너가 연을 갖고 실험을 했

다. 전공의 영향을 받아 수학에 흥미를 느끼면서 철학의 근본
과 관련된 문제를 고찰하기 시작했고 결국 케임브리지 대학교
의 버트런드 러셀 밑에서 공부를 하기에 이르렀다.

## "나는 멋진 삶을 살았다."

비트겐슈타인은 아버지가 사망한 1913년 거액을 상속받지
만 곧바로 양도해버렸고 이듬해 전쟁이 일어나자 오스트리아
군대에 자원했다. 전쟁 중에는 철학 연구를 계속하면서 군인
으로서의 용맹함까지 인정받아 여러 개의 훈장을 받기도 했다.
1922년에는 논리학 저서 《논리철학론》을 러셀의 도움으로 출
간했는데 이는 비트겐슈타인이 생전에 발표한 유일한 책이다.

이것으로 철학의 모든 문제를 해결했다고 생각한 그는 오스
트리아 농촌에서 초등학교 교사로 일했다. 그의 엄격한 교육
방식은 학생들에게 인기는 없었지만 꽤 효과적이었던 것 같다.
1926년에서 1928년까지는 누나 그레틀을 위해 빈에 소박한 집
을 설계하고 지으며 시간을 보냈다.

아직 철학을 위해 할 일이 남았음을 깨달은 그는 1929년 케
임브리지로 돌아가 트리니티 칼리지에서 학생들을 가르쳤고
1939년에는 케임브리지 대학교의 철학 교수로 임명되었다. 제2

차 세계대전 중에는 런던에서 병원 수위로, 그리고 뉴캐슬에서 연구 기술자로 일하기 했다. 전쟁이 끝난 뒤 대학으로 돌아가 다시 학생들을 가르치던 그는 저술 활동에 전념하기 위해 1947 년 교수직에서 사임했다. 외딴 농촌에서 글쓰기를 좋아했던 그는 주로 아일랜드에서 머물렀다.

그는 대표작이라 해도 무방할 《철학적 탐구*Philosophical Investigation*》에 수록된 글의 대부분을 완성한 다음 생의 마지막 2년을 빈, 옥스퍼드, 케임브리지에서 보내며 1951년 전립선암으로 사망할 때까지 계속 글을 썼다. 이 말년의 저술은 《확실성 *On Certainty*》이라는 책으로 출간되었다. 그가 남긴 마지막 말은 "나는 멋진 삶을 살았다고 사람들에게 전하라."였다.

## 거의 모든 언어는 허튼소리들…

방대한 저서 《논리철학론》에서 비트겐슈타인은 철학의 모든 난제를 해결했노라고 자신 있게 주장한다(훗날 철회했지만). 이 책 전체의 주요 테마를 요약하자면 다음과 같다.

가설은 단순히 세계에 대한 사실들을 표현할 뿐이므로 실재를 묘사할 때 가설 자체는 아무 가치가 없다. 사실은 사실일 따름이다. 우리가 중시하는 다른 모든 것, 그로 인해 세상이 의미

있다고 우리가 생각하는 모든 것과 우리가 '느끼'는 모든 것은 훼손된 상태이다.

온당하게 논리적인 언어는 진실인 것만을 다룬다고 그는 믿었다. '아름다운' 것에 대한 주관적이거나 심미적인 표현, 또는 '선한' 것에 대한 주관적인 판단은 생각 안에서 묘사될 수 있는 것들을 '초월'하기 때문에 논리적인 언어로서는 표현조차 불가능하다는 것이었다. 그것들은 사실이 아닌 것이다. 사물의 이치에 대한 전적으로 만족스러운 묘사의 성취마저 전통적 철학이 추구하는 중요한 질문의 대부분에 답하지 못할 것이다(물을 수 없는 질문이기도 하다). 달리 말하자면 비트겐슈타인의 주장은 그 자신의 주장마저 무효화하는 셈이다. 《논리철학론》의 철학적 성취조차 그 자체로 유용한 허튼소리에 지나지 않을 뿐이므로, 한 번쯤 음미한 후 폐기해버려야 한다는 뜻이다. 책은 이런 선언으로 끝맺는다.

'말할 수 없는 것에 대해서는 침묵해야만 한다.'

우리 삶의 너무도 많은 부분을 문자 그대로 말할 수 없는 것이라고 규정하는, 참으로 준엄한 메시지다. 비트겐슈타인의 친구이자 동료 프랭크 램지Frank Ramsay가 요약하듯 '우리는 말할 수 없는 것을 말할 수 없다. 휘파람조차 불 수 없다.'

논리적 언어가 적절히 표현할 수 있는 것에 관해 이처럼 주의

깊게 묘사된 이해는 빈 서클 멤버들이 논리실증철학(과학적 증거와 직접적·감각적 경험만이 지식의 유일한 기초라는 완고한 경험주의적 신념) 원칙을 정립하는 데 영향을 미쳤다.

비트겐슈타인은 심지어 철학자들이 할 수 있는 건 남아 있지 않다고까지 주장했다. 그런 확신에 따라 그는 한때 근 10년간이나 철학을 등지고 살기도 했다.

칸트

"할 수 있는 한

보편적 법규가 될 만한

격률과 의지에 따라 행동하라."

Act only on that maxim whereby thou canst, at the same
time, will that it should become a universal law.

이마누엘 칸트Immanuel Kant (1724-1804)

이마누엘 칸트는 18세기 유럽에서 발흥한 계몽주의 철학에 커다란 공적을 남긴 독일의 교육자 겸 철학자다. 엄격한 종교적 가정에서 태어난 칸트는 열여섯 살 때 프로이센 쾨니히스베르크의 대학에 들어가 철학과 수학, 논리학을 공부한 이후 평생을 같은 대학에 머물면서 학생이자 연구자이며 교수로 지냈다. 칸트는 일평생 규칙적이고 간소한 삶을 살았다. 이와 관련해 무수한 일화들이 전해지는데, 매일 시간표에 따라 하도 정확히 움직이는 사람이어서 오후 산책을 위해 집을 나서는 그의 모습을 보고 이웃 사람들이 시계를 맞췄다는, 출처가 불분명한 전설도 있다. 또 평생토록 쾨니히스베르크에서 10마일 이상 나가 본 일이 없으며 대표 저서인 《순수이성비판》(1781) 집필에 전념하기 위해 동료나 지기들을 떠나 10년을 철저한 고립 속에 머물렀던 것으로 보인다.

## "너의 생각은 보편적으로 타당한가?"

칸트의 최우선 과업은 계몽주의 시대 유럽을 장악했던 합리주의와 경험주의의 여러 요소들을 종합하는 것이었다. 합리주의적 시각이 인간의 지식은 기존 관념들을 바탕으로 한 연역을 통해 습득된다고 주장한 반면 경험주의적 시각은 추론은 오직 관찰에 기초한다는 귀납법을 폈다. 칸트가 '비판'한 핵심은 경험에, 그리고 경험을 통해 인간이 세상에 대한 이해를 형성하는 과정에 '아 프리오리' 즉 독립적으로 존재하는 이성이라는 관념이다.

칸트가 보기에 인간 이성은 접촉이나 세상의 경험을 통해 채워지는 빈 그릇이 아니었다. 인간 이성은 자신이 관찰하는 정보를 처리함으로써 능동적으로 지식을 습득하고 있었다. 그러므로 이성은 세상을 구축하지는 않지만 세상을 지각하며, 그 지각을 인지 기능이 반영하는 것이다. 칸트의 말을 따르자면 '우리는 우리 자신이 주입한 것에 한해서만 사물을 선험적으로 인지할 수 있다.'

인간 자주성의 지상권에 관해 칸트는 인간의 지성은 경험을 구성하는 보편적인 자연법칙의 원천이라는 가설을 세운 다음 이 관념을 확장시켜 인간 이성은 도덕률의 기초가 되고 그 도덕률은 신, 자유, 불멸성에 대한 믿음의 기초가 된다고 주장했다. 이렇게 과학 지식과 도덕, 종교는 인간 자주성의 고귀함에 의해 서로 조화를 이룬다고 그는 생각했다.

도덕률 및 윤리와 관련해 칸트는 '정언 명령' 또는 보편성을 갖춘 무상의 도덕적 원칙의 존재를 주장했다. 도덕적 심판은 이른바 '격률' 또는 행동의 길잡이가 되는 원칙의 구축에 따라 결정된다고 그는 믿었다. 쉽게 말해서 격률에 따라 행동하려는 의지는 그것의 보편적 의미를 고려해야 한다는 것이다. 《도덕 형이상학의 원칙》(1785)에서 칸트는 자신이 재산을 불리려는 욕망으로 돈을 빌리는 행위를 예로 들었다. 그런데 채권자가 거래에 대한 아무 기록도 남기지 않고 죽으면 돈을 빌렸다는 사실을 부인해야 할까? 새로운 격률을 시험하기 위해 칸트는 모든 사람이 돈을 빌렸다는 사실을 부인하는 것이 보편적 규율이 되어도 무방한지 묻는다. 개인적인 상황과 상관없이 돈을 빌려주는 선의를 철저히 쓸모없고 무가치한 것으로 만드는 이 같은 행위는 보편적 규율이 될 수 없다고 칸트는 결론 내린다.

그러니까 '할 수 있는 한, 보편적 법규가 될 만한 격률과 의지에 따라 행동하라'는 칸트의 언명은 도덕적 자유를 갖고 행동하기 위해 격률과 행동 의지는 그것이 도덕적으로 허용될 수 있는 것인지, 보편적 법규로서 시험되어야 한다는 점을 강조하는 것이다.

사르트르

"존재하는 모든 것은
아무 이유 없이 태어나 연약하게 살아가다가
우연히 죽는다."

Everything that exists is born for no reason, carries on
living through weakness and dies
by accident.

장 폴 사르트르Jean-Paul Sartre (1905-1980)

1905년 6월 21일 프랑스 파리에서 태어난 장 폴 사르트르는 조국은 물론 다른 나라의 좌파 운동을 적극 후원한 선구적 지성인이자 대표적인 실존주의 철학자였다. 그는 지대한 영향을 남긴 《존재와 무》를 비롯한 여러 권의 책을 썼고 비록 거절했지만 1964년에는 노벨상 수상자로 선정된 적이 있다. 또 사상가 시몬 드 보부아르Simone de Beauvoir와의 긴 세월에 걸친 관계도 널리 알려져 있다.

사르트르는 해군 장교 장 밥티스트 사르트르와 안 마리 슈바이처 사이에서 태어난 외아들이었다. 두 살배기 아들을 남기고 남편이 사망하자 어머니 안 마리는 뫼동의 부모 집으로 돌아가 아들을 길렀다. 청년 사르트르는 앙리 베르그송Henri Bergson의 에세이 《시간과 자유의지》를 읽고 철학에 흥미를 느낀 후 파리의 고등 사범학교에서 칸트, 헤겔, 키르케고르, 후설Husserl, 하이데거Heidegger 등의 사상을 공부하며 철학 박사학위를 받았다.

그는 1929년 훗날 뛰어난 철학자이자 작가, 페미니스트가 될 소르본의 여학생 시몬 드 보부아르를 만났다. 두 사람은 일생의 동반자로서 자신들의 '부르주아'적 배경에서 비롯된 문화적·사회적 기대에 함께 도전했다. 그들이 개인적 삶을 통해 피하지 않고 정면 돌파한 압제적 순응주의와 가식 없는 개별성 사이의 갈등은 사르트르의 초창기 주요 테마였는데, 이것이 1960년대의 학생운동 시기에 새삼 각광받으며 그의 주가가 치솟았다.

사르트르는 1939년 프랑스 육군에 징집되어 기상관측병으로 복무했으며 1940년에는 독일군에 생포되어 9개월간 포로생활을 했다. 1941년 민간인 신분을 부여받은 그는 파리 근교에서 교사직을 얻었다.

사르트르는 파리로 돌아온 후 다른 작가 몇 명과 함께 '사회주의와 자유'라는 지하조직을 결성했다. 이 조직이 금세 해체되자 사르트르는 이후 다른 레지스탕스 조직에 참여하는 대신 글을 쓰기로 마음먹었다.

오래지 않아 《존재와 무》《파리들》《출구가 없다》와 같은 실존주의의 저서들을 연달아 발표했고 이 작품들이 유명세를 타면서 각광받는 스타 사상가로 발돋움했다. 2차 대전에 참전한 경험을 살려 그는 작품들 속에 전시戰時 경험을 직접적으로 녹여냈다. 파리 해방 후 출간한 《반유대주의자와 유대인》에서 그는 반유대주의 분석을 통해 증오라는 관념을 설명하기도 했다.

사르트르는 대중의 지식인이라는 역할을 귀하게 여겼다. 제

2차 세계대전 후 그는 정치참여 운동가로 거듭났다. 프랑스의 알제리 지배를 적극 반대했고 마르크스주의를 포용했으며 쿠바를 방문해 피델 카스트로Fidel Castro와 체 게바라Che Guevara를 만나기도 했다. 또한 베트남 전쟁에 반대하며 1967년 미국의 전쟁 범죄를 폭로하기 위한 국제재판에도 참여했다. 저술 활동도 쉬지 않고 활발하게 펼쳤다.

1955년 이후의 대표작인 《변증법적 이성 비판》이 1960년에 발표되었고, 1964년에는 노벨 문학상 수상자로 선정되었다. 하지만 그는 수상을 거절했다. 사상 초유의 사건이었다. 사르트르는 1968년 파리 시위에 참여하는 등 급진 투쟁을 위한 지원을 아끼지 않으면서 당시 반문화 운동의 동의어가 되다시피 했다. 1968년 학생들의 동맹휴업 기간에 시민 불복종 혐의로 체포되었으나 드골de Gaulle 대통령은 "볼테르를 체포할 수 없다."라는 유명한 말과 함께 사면령을 내렸다.

## 고독은 자유의 전제조건이다

사르트르는 자신의 신념에 따라 재산을 거의 소유하지 않았고 죽을 때까지 인도주의적, 정치적 대의에 헌신했다. 또 1980년 4월 15일 파리에서 사망할 즈음에는 완전히 실명한 상태였다. 시신은 몽파르나스 공동묘지에 안치되었다.

실존주의는 적대적이고 냉담한 우주에서 개인적인 경험의 유일성과 고립성을 강조하는 철학으로 인간 경험을 설명불가능한 것으로 간주하고 선택의 자유, 그리고 자기 행동의 결과와 자기 인성의 발달에 대한 책임을 중시한다.

사르트르는 '실존주의는 휴머니즘Existentialism is a Humanism' (1946)이라는 강연에서 인간의 조건을 이렇게 요약했다. 자유는 완전한 책임을 수반하며 그 앞에서 우리는 고뇌, 고독, 절망을 경험한다. 인간의 진정한 존엄성은 이런 감정들을 능동적으로 받아들일 때에만 성취된다.

사르트르가 지적하듯 실존주의는 인간에게 절대적 자유를 부여하되 자신의 전 존재에 대한 책임을 지게 한다. 하지만 이 자유는 타자의 자유와의 관계 속에서만 정의될 수 있다. 인간에게는 '자신 각자'만이 아니라 '만인에 대한 책임'이 있기 때문이다.

'존재하는 모든 것은 아무 이유 없이 태어나 연약하게 살아가다가 우연히 죽는다.'는 구절은 사르트르의 첫 장편소설 《구토》(1938)에 등장한다. 《구토》는 우울증 직전에 다다른(제목의 '구토'로 예시된다) 프랑스 지식인의 일기 형식으로 이루어진 서간체 소설로 자신의 삶을 이해하고 거기에 모종의 의미를 부여하고자 발버둥치는 화자의 모습이 그려져 있다.

이처럼 사르트르는 소설, 무대극 등 다양한 문학 형태를 자신의 철학 사상을 탐험하는 틀로 활용했다.

실존주의는 학생들의 사랑을 받는 음울하고 절망적인 세계관의 상징으로 간주되어 왔는데 사르트르 자신도 이 점을 깨닫고 불편해했다. 그럼에도 실존주의는 지적 환멸에 빠진 이들을 오랫동안 매료시켜왔다. 종교적 메시지 없이 삶의 의미를 무의미하게 묘사하는 다른 사조들에 비해 본질적으로 이해하기 쉽다는 점도 실존주의의 인기에 한 몫을 했다.

세네카

"미덕은
올바른 이성을 가리킬 따름이다."

Virtue is nothing else than right reason.

루키우스 안나이우스 세네카Lucius Annaeus Seneca (기원전 4-서기 65)

로마의 철학자, 정치인, 극작가, 웅변가인 소小 세네카는 라틴 문학의 백은白銀 시대(라틴 문학에서 황금시대 기원전 70-서기 18에 뒤이은, 그에 버금가는 문화적 업적의 시기 서기 18-33)를 주도한 로마제국 최고 지성인 중 하나로 널리 인정받는다. 스페인 코르도바의 부유한 가문에서 태어난 그는 철학과 수사학을 공부하기 위해 어린 시절 이모와 함께 로마로 가 아탈로스 밑에서 헬레니즘 문명의 스토아학파 철학을 배웠다.

스토아학파는 세네카가 태어나기 3세기 전 소크라테스의 제자 안티스테네스에 의해 그리스 아테네에서 창시되었다. 스토아학파의 철학적 탐구는 주로 윤리와 미덕, 논리와 자연법에 대한 질문에 집중되어 있었고 사상의 핵심은 인간의 선량함은 영혼 안에 들어 있으며 영혼은 지식, 이성, 지혜, 절제에 의해 함양된다는 것이었다. 미덕이 행복에 이르는 올바른 길로 간주되었으므로 유덕한 자는 불행에 의해 훼손될 수 없으며 도덕적으로 청렴하다고 인정되었다.

따라서 '미덕은 올바른 이성을 가리킬 따름이다.'

미덕, 그리고 자연과의 합일 상태에 이르기 위해서는 이성을 단련하고 판단을 흐리는 파괴적인 생각과 감정들을 멀리해야

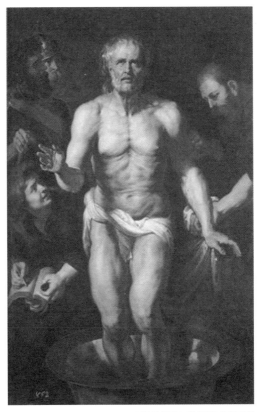

1615년 루벤스 작 '세네카의 죽음'.

못난 제자 네로는 스승이 자신을 모반하려 했다는 음모를 씌워 자결할 것을 명했다. '잘 죽은 법을 알지 못하면 잘 살 수 없다.'고 가르쳤던 스승 세네카는 의연하게 끓는 물 속으로 몸을 던졌다.

이성과 경험에 관하여

한다. 스토아 철학의 4대 기본 미덕은 지혜, 용기, 정의, 절제로, 이는 플라톤의 저술에서 윤곽이 제시된 바 있는 고전적 내용이다. 이들과 대치되는 지점에 미움, 두려움, 고통, 분노, 시기, 질투 등 부정적인 감정을 통칭하는 '열정'이 있다.

스토아학파는 우주와 그 안의 모든 것이 보편적 이성(또는 '로고스Logos')의 지배를 받는다고 믿었다. '로고스'는 우주의 수동적인 물질에 힘을 행사한다.

이렇게 자연과 일체가 된 유덕하고 올바른 삶의 길은 숙명이 결정하는 위험과 함정을 평온하게, 자제하면서 받아들이는 것이다. 고난은 감수하고 감내하며 개인의 미덕에 대한 시험으로 간주해야 한다.

## 유덕함은 불행으로도 훼손되지 않는다

살아생전 많은 불운에 시달렸던 세네카는 온 생애로 자신의 철학을 증명해냈다. 젊은 시절의 그는 불안정한 로마 원로원에서 고속 출세해 칼리굴라 황제의 총애를 받는 자문역을 맡았다. 하지만 칼리굴라의 여동생 율리아와 간통한 혐의로 후임 황제 클라우디우스에 의해 코르시카로 유배되었다. 유배 기간에 세네카는 스토아 철학의 원리들을 보여주는 철학적 에세이와 서간문으로 이루어진《위로문*Consolations*》을 썼다.

칼리굴라가 죽은 후 로마로 돌아온 그는 젊은 신임 황제 네로의 스승으로 일했다. 하지만 잘 알려진 대로 변덕이 심했던 네로는 훗날 세네카에게 반역 혐의를 씌워 자살을 명령했다. 황제 전복 음모에 연루됐다는, 증거가 희박한 죄명이었다. 하지만 세네카는 스토아 철학자다운 평정과 의연함으로 자신의 숙명을 받아들였다. 그는 최후의 생각을 구술한 후 동맥을 끊고는 끓는 물이 든 통에 뛰어들었다.

'잘 죽는 법을 알지 못하면 잘 살 수 없다'는 자신의 언명을 몸소 실행한 것이다.

# 삶과 죽음에 관하여

## Life and Death

"사람들이 웃을 때도
삶이 여전히 진지한 것이듯
사람들이 죽을 때도
삶은 여전히 재미있는 것이다."

✝

Life does not cease to be funny when people die any more
than it ceases to be serious when people laugh.

**조지 버나드 쇼**George Bernard Shaw (1856–1950)

삶과 죽음만큼 우리를 깊게 건드리는 생각이 또 있을까. 허다한 철학과 사유를 아무렇지 않게 넘겨버리는 사람일지라도 이 주제 앞에서만큼은 무심한 태도를 유지하기가 쉽지 않을 것이다.

수많은 사상가와 작가, 과학자들이 삶에서 죽음으로 이어지는 길을 탐색했다. 그들은 여러 각도에서 이 미스터리를 둘러싼 세계에 탐조등을 들이대고, 분석하고, 이해하고, 설명하려 발버둥쳤다. 그럼에도 불구하고 여전히, 우리를 궁극적으로 납득시키고 안심시키는 이론은 없다고 보는 게 맞다. 특히 죽음이라는 문제는 경험적으로 명쾌하게 설명될 수 있는 영역이 아니기 때문이다.

소크라테스와 에피쿠로스를 위시하여 고전시대 이래 많은 철학자들은 삶과 죽음의 문제를 대립적인 각도에서 다루어왔다. 이 장에서는 삶과 죽음에 대한 고대 학자들의 시각을 간단하게 일별한 뒤 극작가, 소설가, 저널리스트, 시인들이 남긴 인용구들을 주로 살펴볼 예정이다.

20세기 프랑스 철학자 롤랑 바르트Roland Barthes에 따르면 죽음은 엄격한 철학적 방법론보다는 문학과 예술을 통해 보다 적절히 해석되는 주제다. 죽음의 경험적 이해가 불가능한 마당에 이성과 논리에 기댄 철학보다는 감성과 상상력으로 채워진 문학이 훨씬 효용가치가 클 수 있기 때문이다. 죽음에 대한 비관적 전망을 무력화시키는 버나드 쇼의 문장이 이를 잘 증명하는 셈이다.

철학이나 과학과 달리 문학과 예술은 허구적 공간 안에서 언어의 프리즘을 통해 죽음의 감각, 영향, 그리고 철학적 함의까지 상상할 수 있다.

"검토되지 않는 삶이란

살 가치가 없다."

The unexamined life is not worth living.

소크라테스Socrates (기원전 469-399)

소크라테스는 기원전 469년경 그리스 아테네에서 석공인 아버지 소프로니스코스와 산파인 어머니 파이나레테 사이에서 태어났다. 검소하고 자제력이 강하며 용맹하기까지 했던 사람으로 알려진 그는 서양 철학의 아버지이자 플라톤과 아리스토텔레스가 계승 발전시킨 그리스 철학 '고전시대'(소크라테스 시대로도 불린다)의 첫 번째 주요 사상가로 간주된다.

## 오류와 모순을 이겨낸 논리만이 진실이다

소크라테스는 자신의 철학 사상과 연구에 관한 기록을 남기지 않았기 때문에 제자들이 그의 방법론과 교훈을 전파해야 했다. 소크라테스에 대한 정보는 주로 플라톤의 저술에서 나왔다. 소크라테스의 제자이자 신봉자였던 플라톤은 소크라테스와 그 제자들, 그리고 아테네의 여타 사상가와 저술가, 정치가들 사이에 일어났던 '대화'와 토론을 직접 목격하고 복원함으로써 스승의 방법론과 사상을 전달했다.

소크라테스가 철학에 남긴 주요 공적은 이른바 소크라테스 논쟁법으로 알려진 변증법적 방법론의 사용이었다. 소크라테스는 자신의 접근법을 '반대 논증'을 뜻하는 '엘렌쿠스Elenchus'라고 불렀다.

요점만 간단히 소개하자면 소크라테스 모델은 일련의 질문들을 던져 사고와 신념을 시험함으로써 문제의 핵심에 도달하는 방법이었다. 이러한 기법의 바탕에는 단순히 반대되는 관점을 제시하여 논점 또는 가설을 패퇴시키자는 것이 아니라 가설의 결점이나 모순을 들추어내 그 논리적 근거에 의문을 던지자는 의도가 깔려 있다. 소크라테스는 어떤 사상이든 그 안에 노정된 오류나 의심스러운 논리가 제거된 후에야 비로소 미덕과 도덕적 명령으로 수용될 수 있다고 믿었다.

## 질문하고, 질문하고, 또 질문하라

생각의 자유와 주권을 강조하고 사회와 세상이 만들어놓은 기성관념들에 질문을 던질 것을 주문하면서 젊은이들을 몰고 다니던 소크라테스는 당연히 아테네 당국의 미움을 샀다. 이단을 믿고 청년들을 부패시킨다는 죄목으로 재판정에 끌려간 소크라테스는 자신에게 씌워진 죄명에 대해 조목조목 반박을 했으나 아테네 법정은 그에게 사형을 언도했다.

'검토되지 않는 삶이란 살 가치가 없다'라는 이 유명한 언명은 재판에서 사형을 인도받은 그가 마지막 변론을 하는 과정에서 남긴(플라톤의 기록에 따르면) 말이다. 모든 것에 대해, 심지어 자신이 믿는 도덕이나 종교에 대해서까지 끊임없이 회의하고 비판적으로 검토할 것을 강조해온 소크라테스의 사상을 한 마디로 응축하는 이 문장은 후세 사람들에게 주체적이고 반성적인 삶의 가치를 환기시키는 명언으로 남았다.

사실 아테네 법정은 소크라테스에게 사형 외에 자발적 유배라는 선택지를 주었다. 하지만 소크라테스는 자신의 목숨을 걸고라도 끝까지 지행합일을 이행하고 싶었던 것 같다. 제자들과 추종자들이 아테네를 떠날 것을 간곡히 권했음에도 그는 철학적 질문과 통념에 도전하는 헌신성을 저버리는 것이야말로 곧 진실, 이성, 미덕에 대한 헌신의 배반이라고 말하면서 흔연히 독미나리 즙을 마셨다.

에우리피데스

"삶이 죽음이고

죽음이 삶인지

　　그 누가 알랴."

Who knows but life be that which men call death,
And death what men call life?

에우리피데스Euripides (기원전 484–406)

에우리피데스는 소포클레스Sophocles, 아이스킬로스Aeschylus와 함께 그리스 비극의 양식을 개척한 고전시대 3대 극작가 중 하나다. 에우리피데스의 삶에 대해서는 구비설화 같은 것에서부터 터무니없는 것까지 다양하다. 그의 전기들이 이처럼 다양한 이유는 그 이야기들이 후세 그리스 작가들의 저술에서 나왔으며 고전문학의 성전에서 에우리피데스가 차지하는 위치에 대한 그들의 의견이 서로 달랐다는 데 있다. 에우리피데스의 일생에 대해 불분명한 일화들을 흩뿌려 신비롭게 그리고자 한 찬미자들이 있었는가 하면, 다른 한편에는 그를 자아도취에 빠진 허풍선이거나 소크라테스의 아첨쟁이로 깎아내리려 했던 희극 작가 아리스토파네스Aristophanes를 비롯한 험담꾼들이 있었기 때문이다.

## 문학으로 승리의 왕관을 쓰다

에우리피데스가 기원전 484년경 살라미스 섬에서 태어났다는 데는 대부분 의견이 일치한다. 지역 상인의 아들이었던(아리스토파네스는 그의 부모가 야채장수였다고 다소 잔인하게 주장한다)

에우리피데스의 아버지 므네사르코스는 아들이 태어난 날 아이가 '승리의 왕관'을 쓸 운명이라는 신탁을 받았다고 한다.

므네사르코스는 이를 아들이 유명한 운동선수가 될 것이라는 계시로 믿고 아테네로 보내 훈련을 시켰다. 하지만 에우리피데스는 아버지와 생각이 달랐던지 아낙사고라스Anaxagoras 밑에서 철학을 공부하고 아테네 극장의 무용수 수업을 받은 뒤 희곡을 쓰기 시작했다. 두 번의 비참한 결혼 끝에(두 아내 모두 끊임없이 부정을 저질렀다고 전해진다) 상심에 빠진 에우리피데스는 고향 살라미스로 돌아갔다.

그는 방대한 장서로 들어찬 동굴 속에서 명상을 하며 글을 써내려갔고 이 작품들로 그리스 전역에서 인기를 얻었다. 유명인이 된 에우리피데스는 자발적 유배 생활을 접고 마케도니아의 왕 아르켈라오스의 초청을 받아 궁정에서 일하기 시작했는데 사고로 왕의 몰로시안 하운드(불 마스티프 종과 비슷한, 사나운 견종으로 다행히 멸종되었다) 떼에 물려 온몸이 찢겨 죽었다고 전해진다.

고전 그리스 비극에서 에우리피데스가 끼친 가장 주목할 만한 공헌은 고대 신화 속 영웅과 악당들을 묘사하는 방식에 있다. 그는 수세기에 걸쳐 전해 내려온 민담 속 인물들에게 신묘한 능력과 통찰력이 아니라 인간적 약점과 두려움, 불안, 사랑,

삶과 죽음에 관하여

증오와 같은 감정들을 불어넣었다. 고대의 영웅 전설에 대해 이처럼 현실적인 접근법을 택한 것은 당대의 문제와 악덕들을 풍자적으로 반영하려는 시도인 듯하다. 당시 아테네는 스파르타 왕국과 치른 유혈 분쟁과 내부 권력 투쟁으로 잠잠할 날이 없었다.

에우리피데스는 극 속 인물들이 자신의 실존적 본질과 죽음 앞에 선 운명에 질문을 제기함으로써 관객들이 스스로에게도 똑같은 질문을 던지도록 유도하는 수사학적 장치를 사용했다.

## 삶과 죽음은 언제든 뒤바뀔 수 있는 것

'삶이 죽음이고 죽음이 삶인지 그 누가 알랴.'는 황금양털 우화의 기원을 소재로 한 에우리피데스의 연극 〈프릭소스*Phrixus*〉에 나오는 대사다.

전설에 따르면 베오티아의 왕 아타마스와 구름의 여신 네펠레의 간통으로 태어난 쌍둥이 남매 프릭소스와 헬레는 황금양털로 짠 외투를 입은 날개 달린 숫양에 의해 희생되기 직전에 구조되었다. 질투심에 불탄 왕비 이노는 국왕의 서출 자식들로 인해 신의 노여움을 산 탓에 흉년이 왔다고 백성들을 꼬드겨 의붓자식들을 제거하려는 음모를 꾸몄다(사실은 이노가 종자를 훼손시켜 곡식이 자라지 않은 것이었다).

사물은 생겨나지도 사라지지도 않으며 변화란 단지 환각일 뿐이라고 믿은 아낙사고라스의 추종자였던 에우리피데스는 이 수사학적 인용문을 통해 삶과 죽음을 대립시키는 인습에 의문을 제기하고 두 상태가 본질적으로 교체 가능한 것이라고 주장하고 있다. 즉 전생과 내세에 대해 아무것도 모르는 입장에서 우리가 사실 이미 죽은 게 아닌지 어떻게 알 수 있느냐는 말이다.

이렇게 평생 삶의 비극적 측면에 몰두했고 불운한 죽음으로 생을 마친 에우리피데스였지만, 그는 후대 사람들에 의해 누구보다 화려하게 부활했다. 역사가 투키티데스가 썼다고 전해지는 그의 묘비명은 다음과 같다.

그의 뼈는 마케도니아에 누워 있다. 그가 인생을 마친 마케도니아에. 그의 무덤은? 그리스 전체이다. 아테네는 그의 모국이다. 그의 글은 수많은 사람들에게 즐거움을 주었다. 이제 많은 사람들이 그에게 찬사를 바친다.

# 음주의 변호

도덕의 근간으로 절제와 금욕을 내세웠던 크세노파네스Xenophanes 등 이전의 저술가나 철학자들과 달리 에우리피데스는 술을 몹시도 좋아했던 것 같다.

오디세우스와 외눈 괴물의 싸움을 다룬 연극 〈키클롭스The Cyclops〉에는 술에 관한 묵상이 몇 군데 등장한다. 예컨대, '술 마시기를 즐기지 않는 사내는 미쳤다. 왜냐하면 술을 마시면 (…) 젖가슴을 어루만질 수도 공들여 가꾼 머리채를 애무할 수도 있다. 뿐만 아니라 춤도 출 수 있으며 번민을 잊어버릴 수도 있기 때문이다.'라는 구절이 나온다. 이 작품에는 물론 '술은 맞서 싸우기 힘겨운 끔찍한 적이다.'라는 구절도 있지만 말이다. 오디세우스는 괴물에게 술을 먹인 뒤 고주망태가 되어 동굴에 누워 잠든 그의 눈을 불태움으로써 탈출에 성공한다.

이 모든 것을 종합할 때 술은 위험요소가 있더라도(특히 사람을 잡아먹는 외눈박이 괴물이라면 더욱) 혜택도 적지 않다는 주장을 하려는 것 같다. 술에 취해 여자의 몸을 더듬는 짓을 옹호할 필요는 없지만, 이 시니컬한 예술가에게 술은 인생을 달랠 효과적 처방전이었던 셈이다.

도킨스

"죽음이란 태어나지 않은 것과 같을 것이다.
마치 정복자 윌리엄, 공룡이나
삼엽충의 시대에 사는 것과
매한가지일 것이다.
그러니 두려울 것도 없다."

'Being dead will be no different from being unborn –
I shall be just as I was in the time of William
the Conqueror or the dinosaurs or the trilobites.
There is nothing to fear in that.'

리처드 도킨스Richard Dawkins (1941–)

리처드 도킨스는 다소 인기 영합주의적인 책《이기적 유전자*The Selfish Gene*》로 1970년대 중반 유명해진 학자다. 그는 이후 10여 년간 첨단 진화론에 대한 학술적이면서도 이해가 쉬운 책들을 연달아 발표했고 1995년 옥스퍼드 대학교에서 '대중의 과학 이해를 위한 교수'로 임명되면서 더욱 명성을 높였으나 이후 거침없는 종교 공격으로 인해 악평을 얻기도 했다.

## 죽음은 정상으로 돌아가는 관문일 뿐…

대표적인 무신론자 중 하나로 손꼽히는 도킨스는 위의 인용문 '죽음이란 태어나지 않은 것과 같을 것이다.'라는 문장이 드러내듯 아주 철저한 무신론자다. 쌀쌀맞은 태도로 죽음 이후 세계를 부정하면서 '그러니 두려울 것도 없다.'라고 단언하는 그의 문장에는 마침내 죽음으로 귀결될 수밖에 없는 우리 삶에 대한 일말의 위로나 감상성마저 거세돼 있다.

이처럼 강경하기로 이름이 나 있지만 인터뷰를 보면 매우 영국적인 절제와 함께 세련되고 교양 있는 모습을 드러낸다. 실제로 도킨스는 영국 국교도로서 받은 교육이 자신에게 미친 영향을 인정한다(그가 즐겨듣는 BBC 라디오 4의 '데저트 아일랜드 디스크 Desert Island Discs'는 교회와 합창 음악으로 가득한 프로그램이다).

위의 문장이 말해주듯, 도킨스는 죽음의 상태를 비존재와 동일시한다. 그리고 어떤 개인이든 시간의 극히 짧은 일부분 동안만 존재할 뿐이라는 사실을 지적한다. 길어야 100년 내외의 시간으로 하나의 생이 완성되며 이후에는 정상으로 돌아갈 (보편적인 상태로 수렴될) 따름이라는 것이다. 100년은 우주가 존재하는 시간, 아니 인류 역사의 기간에 대입해서도 통계적으로 무의미한 숫자에 가깝고 우주는 이전에도 이후로도 존재할 것이므로 죽음은 괴로워할 일이 아니라고 그는 말한다.

## 감상성 결핍이 불러온 문제들

이렇듯 삶과 죽음에 감상성을 보이지 않는 도킨스는 열혈 무신론자들 사이에서도 불굴의 소신을 상징하는 인물로 통한다. 누가 됐든 한 사람의 삶이 시작되기 전에는 그 사람의 징후란 없다. 존재하지 않았던 것이다.

설사 그렇다 할지라도 한 인간이 존재한 이후에는, 특히 '전'이 '후'로 변환하는 죽음의 순간에는 다르지 않을까? 죽음을 목전에 둔 당사자가 느끼는 비존재에 대한 두려움은, 비록 그것

이 이치에 맞지 않을지라도, 갖가지 상상과 반응을 불러일으게
된다. 남겨진 사람도 마찬가지다. 이제껏 자기 삶의 중요한 일
부였던 대상을 상실한다는 것은 대부분의 사람에게 적지 않은
심리적·정서적 충격을 줄 수밖에 없다.

　도킨스의 감상성 결핍이 불러오는 가장 큰 문제는 누군가의
죽음이 남겨진 사람들에게 미치는 영향을 철저히 배제시켜버린
다는 점이다. 삶은 발생 전에는 아무런 영향을 미치지 못한다.
하지만 존재가 시작된 이후에는 자녀를 가질 수도 있으며 그의
죽음 이후에도 한동안 지속될 물적·인적 관계망을 구축할 수
있다. 그러니까 도킨스의 주장과 달리 우리들 각자는 죽음 이
후에도 쉽사리 비존재로 변환되지 않을 존재라는 것이다.

에피쿠로스

"죽음은 우리에게 아무것도 아니다.

　　　　　우리가 살아 있는 동안은

　　　　죽음이 아직 찾아오지 않았고

죽음이 찾아왔을 때는

　　　　　우리가 살아 있지 않기 때문이다.

Death is nothing to us, since when we are, death has not
come, and when death has come we are not.

에피쿠로스Epicurus (기원전 341-270)

죽음에 대해 섬뜩하리만치 합리적이면서도 냉혹한 관점을 제시한 사람이 도킨스가 처음은 아니었다. 2,000년 전 에피쿠로스가 도킨스와 비슷한 논리적 양면성을 보여주었다. 에피쿠로스는 '우리가 살아 있는 동안에는 죽음이 찾아오지 않았'으며 막상 '죽음이 찾아왔을 때' 우리는 살아 있지 않을 것이니 죽음의 공포란 우리 삶의 영역이 아니라고 일갈해버린다.

학창시절 배워서 알고 있다시피 그는 가능하다면 단순한 쾌락으로 둘러싸인 자연계에서 단순한 삶을 살 것을 강조한 스토아 철학과 대립되는 에피쿠로스주의를 창시한 철학자다. 설사 신이 존재한다고 해도 그들은 인간에 대해 전혀 관심이 없다는 주장으로 신들의 역할을 일축했던 에피쿠로스는 최초의 무신론자였다.

저 유명한 에피쿠로스의 역설은 도킨스와 샘 해리스Sam Harris에 의해 다시 활용되면서 신이 존재하는 세상의 악을 과연 어떻게 설명할 것인가라는 신앙인들의 문제를 예증하는 데 사용되고 있다.

# 에피쿠로스의 역설

신은 악을 막으려 하는데 막지 못하는 것인가?

그렇다면 신은 전능하지 않다.

막을 수는 있는데 막으려 하지 않는 것인가?

그렇다면 그는 심술궂다.

막을 수도 있고 막으려고도 하는 것인가?

그렇다면 악은 어디서 나올까?

막을 수도 없고 막으려고도 하지 않는 것인가?

그렇다면 왜 그를 신이라고 부를까?

"우리가 죽음을

　　　천상계와 연관시켜 생각하는 이유는

눈에 보이는 저 하늘, 특히 밤하늘이…

　　　그 광대하고 고요한 폭발을 상징하는

가장 적절한 현존물이기 때문이다."

The reason we think of death in celestial terms is
that the visible firmament, especially at night(…) is the
most adequate and ever-present symbol of
that vast silent explosion.

블라디미르 나보코프Vladimir Nabokov (1899-1977)

나보코프는 러시아 태생의 소설가, 비평가, 번역가 겸 인시류鱗 翅類 연구가(나비와 나방을 연구하는 과학자)로 《롤리타*Lolita*》《희 미한 불꽃*Pale Fire*》이 그의 대표작이다.

귀족 가문이었던 나보코프 일가는 1917년 혁명의 여파로 조 국을 떠나 북유럽에 정착해야 했다. 유명 자유주의 정치인이었 던 나보코프의 아버지 V.D. 나보코프는 1922년 러시아 제정주 의 열혈당원에 의해 암살되었다. 망명 저술가로서 성공가도를 달리던 나보코프는 1940년 프랑스를 점령한 독일을 피해 미국 으로 건너가 코넬 대학교에서 문학 교수로 일하게 되었다. 여러 외국어에 능통하고 소리와 단어의 감각에 비범한 귀를 지녔던 나보코프의 농익은 소설은 다국어로 이루어진 말장난과 풍성 한 문학성, 문화적 인유로 가득하다.

1977년 나보코프가 사망한 후 그의 정치, 종교, 철학적 신념 에 대해 학자와 평론가들이 열띤 공방을 벌였다. 그의 작품에 담긴 도덕, 윤리, 정신적 메시지와 주장을 해독하기 어려운 주 된 이유는 그가 특정 학파나 정치, 사회적 의제의 추종자로 분 류되기를 맹렬히 거부했다는 사실에 있다. 암살당한 아버지와 제2차 세계대전 중 독일군 강제수용소에서 죽어간 동생 세르게

이 때문이었는지 나보코프는 개인적 관계와 가치관을 공개하기를 매우 불편해했다.

하지만 나보코프의 작품은 삶과 죽음의 의미, 인식의 본질, 윤리적 딜레마, 기억과 증언의 정당성 및 신빙성과 같은 고전적 철학 연구의 핵심 테마와 질문들로 넘쳐난다.

위에 인용한 문장은 1943년작 단편소설 〈언젠가 알레포에서 *That in Aleppo Once*〉에 나오며 이 제목은 셰익스피어Shakespeare 의 《오셀로》 4막 2장에 등장하는 아래 대사에서 따온 것이다.

그리고 덧붙여 언젠가 알레포에서
터번을 두른 사악한 터키인이
베니스인을 구타하고 모욕하는 것을 보고는
이 할례 받은 개의 멱살을 잡고
이렇게 찔렀다고 말해주시오.

질투에 사로잡혀 아내 데스데모나를 살해한 오셀로가 비극적 결과를 받아들이지 못해 몸부림치며 자살을 통해 한줌의 명예나마 되찾고자 하는 절정부에 나오는 대사다.

소설은 오랜 친구에게 보내는 편지 형식으로 되어 있으며 (몇 년간 서로 만나지 못한 사이라는 암시가 있다) 참담하고 파멸적인

미국에 정착한 말년의 블라디미르 나보코프.

러시아 태생 망명 작가 나보코프는 살아생전 유명세를 얻었지만 특정 이념이나 가치관의 대변자로 분류되는 걸 맹렬히 거부했다. 아버지를 총살로 잃은 후 조국을 떠나 북유럽과 프랑스, 미국으로 유랑할 수밖에 없었던 개인사 때문이었으리라. 그가 남긴 작품의 주제나 메시지를 해독하기 어려운 것도 이런 이유와 무관치 않을 것이다.

연애와 결혼이 언급된다. 나보코프는 특유의 능란한 솜씨로 우연처럼 보이는 세부 사실을 적절하게 배치하면서 끊임없이 반복되는 불행한 관계에 대한 그림을 그려 보여준다. 나치의 프랑스 점령을 배경으로 한 이야기 전체에는 죽음의 이미지가 드리워져 있다. '눈에 보이는 하늘'이란 지구를 둘러싸고 천공을 품은 중세적 관점의 하늘에 대한 인유이지만 심한 우울증에 시달리며 자살을 생각하는 화자에게는 무無의 '고요한 폭발'이자 존재의 정지를 표상한다.

> "삶은 장대한 일출,
> 죽음이 그보다 못할 이유가 무엇인가?"

나보코프는 누가 진실을 말하고 있는지, 둘 중 어느 쪽에 공감해야 할지 결정하라고 독자에게 촉구한다. 정말로 화자는 상처 입은 쪽이고 변덕스러운 아내는 스스로 인정하듯 병적인 거짓말쟁이일까? 아니면 편지는 질투와 자격지심으로(《오셀로》에서처럼) 아내를 학대한 것에 대한 죄책감에서 벗어나기 위한 시도에 불과할까? 궁극적으로 편지의 수취인('V'라고 지칭되는데 이는 나보코프가 편지를 쓸 때 스스로에게 붙이던 별칭이다)은 친구의 지시를 따르지 않고 소설이 허용하는 윤색, 허구, 위장을 가미해 이야기로 만들어버렸거나, 아예 전부 꾸며낸 것일까?

죽음을 끝없이 펼쳐진 광대한 밤하늘로 보는 화자의 시각을 나보코프의 것으로 볼 수는 없다. 그는 작품 속 인물들을 통해 자신의 생각을 역설적으로 표현하는 일이 많았다. 고질적인 불면증에 시달렸던 그는 꿈이 싫다고, 꿈이 생시를 해석하는 도구로 쓰이는 것은 더욱 마뜩치 않다고 말하곤 했다(특히 정신분석을 미심쩍어한 나머지 지그문트 프로이트Sigmund Freud를 모욕하고 조롱하는 글을 종종 쓰기도 했다). 나보코프에게는 생시의 세상, 인간의 인식이 훨씬 더 매력적인 미스터리였고 지적으로 탐구할 만한 가치가 있었다.

나보코프의 작품에서 죽음은 주요 테마였지만 그는 내세에 대해 깨인, 긍정적인 시각을 갖고 있었던 것 같다. 자서전 《강력한 의견Strong Opinions》에는 이런 구절이 있다.

'삶은 장대한 일출이다. 죽음이 그보다 더 장대한 것이 되지 못할 이유가 없다.'

아이스킬로스

"오, 치유의 죽음이여,

　　　　　비웃지 말고 부디 내게 와다오.

치유할 수 없는 병에는 그대가 의사일지니.

　　　　고통도 시신만은 손대지 못하는 법."

O, Death the Healer, scorn thou not, I pray, to come to me;
of cureless ills thou art. The one physician. Pain lays not
its touch upon a corpse.

아이스킬로스Aeschylus (기원전 525-456)

아이스킬로스는 에우리피데스, 소포클레스와 함께 고대 그리스 최고의 극작가 중 하나였다. 아테네의 부유한 가문에서 태어난 그는 그리스의 전통적 고전 교육을 받았는데 특히 어려서 탐독했던 호메로스Homer의 작품에 깊이 매료됐던 것 같다.

아이스킬로스의 삶을 기록한 상충되는 내용의 '전기'들도 많고 그의 '위대함'을 보여주는 근거 없는 주장들 또한 많다. 아버지의 포도밭에서 일하다 잠에 빠져든 젊은 날의 그에게 술과 양조의 신(따라서 황홀, 도취, 광기의 신이기도 하다) 디오니소스가 찾아와 극작가가 되라고 명령했다는 전설도 있다.

하지만 아이스킬로스가 마라톤 전투에 참전한 뛰어난 병사였다는 데에는 대부분의 기록이 일치한다. 신기한 것은 그의 묘비명에 무공을 칭송하는 문구만 있을 뿐 극작가로서의 재능에 대한 언급은 전혀 없다는 사실이다.

그는 고대 그리스 극장에서 치러진 축전 경연에 빠짐없이 출품하여 열두 번 이상 수상했던 것으로 보인다. 그러나 아이스킬로스가 썼다고 전해지는 70여 편의 연극 중 온전한 형태로 현전하는 것은 일곱 편뿐이다.

## 죽음이란…
## 삶의 고통으로부터 해방되는 유일한 통로

아이스킬로스의 천부적 재능은 그리스 연극의 규칙을 발달시킨 데 있다고 아리스토텔레스는 썼다. 아이스킬로스는 두 명 이상의 인물을 등장시켜 인물 간 상호관계와 갈등을 극적 표현을 통해 보여준 최초의 극작가로 인정받는다(이전까지의 고전 그리스 연극은 한 명의 주인공과 합창단으로 구성되어 있었다). 가장 널리 알려진 아이스킬로스의 작품은 트로이 전쟁의 영웅이자 아르고스의 전설적인 왕 아가멤논과 그 가족의 삶을 그린 완결 3부작 희곡 《오레스테이아*Oresteia*》이다.

위에 인용된 '오, 치유의 죽음이여, 비웃지 말고 부디 내게 와다오. 불치의 질병에는 그대가 의사일지니…'는 아이스킬로스의 것으로 전해지는 여러 시편 가운데 하나다. 그의 작품 대부분이 신과 인간의(그리고 자신이 신이라 믿는 인간의) 관계에 대해 탐구를 한다는 점에서 이례적이다. 하지만 죽음만이 삶의 '치유할 수 없는 병'으로부터 유일한 해방구이며 '고통도 시신만은 손대지 못하는 법'이라는 문구에서 보이듯 그는 천국이 됐든 지옥이 됐든 내세에 대한 의지 없이 죽음의 불가피성을 명료하게 숙고하고 있다.

# 거북에 맞아 죽다

전설에 따르면 아이스킬로스는 상상할 수 있는 가장 수치스러운 죽음을 맞이했다. 기원전 456년 그는 조용히 명상하며 여생을 보내겠다는 생각으로 시칠리아의 젤라로 건너갔다. 돔 천장 같은 대머리에 체구가 컸던 그는 명상하는 부처처럼 햇볕 아래 꼿꼿이 앉아 꾸벅꾸벅 조는 버릇이 있었다. 그런데 어느 날 날아가던 독수리가 거북을 그의 머리 위에 떨어뜨렸다고 한다. 실제로 유럽 남부에 서식하는 일부 독수리는 거북을 들어올려 딱딱한 바위 아래로 떨어뜨린 다음 쪼개진 뼈 사이로 흘러나온 뇌수를 쪼아먹는다고 한다. 아마 그 독수리는 꼼짝 않고 앉은 아이스킬로스를 바위로 착각하고 거북을 던져 부술 작정이었던 것 같다. 불행하게도 거북의 등딱지가 아이스킬로스의 정수리에 떨어지는 바람에 그는 낯선 땅에서 숨을 거두고 말았다.

"하느님이 죽음처럼
자연스럽고 필연적이고 보편적인 것을
인간에 대한 재앙으로 예정했을 리 만무하다."

It is impossible that anything so natural, so necessary, and
so universal as death, should ever have been designed by
Providence as an evil to mankind.

조너선 스위프트Jonathan Swift (1667-1745)

조너선 스위프트는 아일랜드 태생의 18세기 풍자 작가이자 성직자로 대표작 《걸리버 여행기》(1726)와 에세이 《겸손한 제안*A Modest Proposal*》(1729)이 있다. 그는 1667년 더블린에서 조너선 스위프트와 애비게일 에릭 스위프트의 외아들로 태어났으나 그가 세상에 나오기 전 아버지가 급사했다. 스위프트의 어머니는 삼촌인 고드윈 스위프트에게 그를 맡기고 영국으로 떠났다. 스위프트는 명망 높은 킬케니 공립중학교를 거쳐 더블린의 트리니티 칼리지에서 공부했다. 그는 본래 트리니티에서 학자 생활을 계속할 예정이었지만 1688년 이른바 명예혁명 직후 오렌지공 윌리엄과 그의 아내 메리가 즉위하면서 촉발된 아일랜드의 정치적 격변을 피해 영국으로 건너갔다.

당시 이름난 외교관이던 윌리엄 템플Willia Temple 경의 집안과 연이 닿았던 덕분에 스위프트는 그의 비서로 일하게 되었다. 주요 임무는 템플의 회고록과 기타 서류를 편집하는 일이었지만 그를 통해 영국 상류사회에 발을 들여놓을 수 있었다. 스위프트는 건강 문제로 여러 차례 아일랜드로 돌아가야 했는데(현기증 발작을 일으키는 메니에르 병이라는 증후군이 있었다) 그때마다 아일랜드 성공회 조직 안에서 몇 가지 하급직을 얻어 일했으나 성공적이지 못했다. 영국으로 돌아와 스승인 윌리엄 템플과 계속 일하던 스위프트는 1699년 템플이 사망하자 독자적인 문학적·정치적 행보에 들어갔다.

## 이 시대의 신앙은 미덕으로서의 가치를 잃었다

우리에게는 소설 《걸리버 여행기》로 유명하지만 그에게 최초의 명성과 악명을 가져다준 것은 왕성하고 무자비한 필력을 과시하는 시사 논평가로서의 활동이었다. 그의 주된 무기는 정계의 명사들을 직접 대면하면서 목격한 부패와 위선, 허세와 불의와 거짓 지식을 빗댄 기발한 풍자였다. 풍자 에세이 《겸손한 제안》에서 스위프트는 치밀하게 구성된 논리로 아일랜드 빈민층의 인구과잉과 그로 인한 기아사태를 해결하기 위해 빈민의 아이들을 부자를 위한 식량으로 사육하자는 제안을 내놓는다.

영국 국교회에서 요직에 임명되지 못하자 스위프트는 아일랜드로 돌아가 더블린 성 패트릭 성당의 수석 사제로 일하기 시작했다. 그는 교회 임무와 저술 활동을 병행하며 아일랜드 국익을 맹렬히 옹호하고 반부패 운동에도 적극 참여했다.

그 시기 스위프트가 신학 및 종교 전반에 관해 남긴 수많은 글은 종교의 사회적 역할과 관련해 명쾌하고 철학적인 성격을 띠고 있다. 스위프트는 종교, 도덕, 정치가 상호 연관된 것으로 보면서 정통성을 규정하고 사유를 제한하려 드는 신학사상 및 교리를 개탄했다. 그는 인류의 분열적 태도로 인해 기독교 신앙은 퇴조할 수밖에 없었으며 그 결과 기독교는 단순한 미덕으로서의 명료성과 의미를 잃었다고 믿었다.

'하느님이 죽음처럼 자연스럽고 필연적이고 보편적인 것을 인간에 대한 재앙으로 예정했을 리 만무하다.'라는 문장은 죽음에 대한 공포를 조장해 대중을 길들이고 갈취하려 했던 당시 기독교 권력에 대한 그의 혐오를 잘 드러내고 있다. 스위프트는 죽음과 내세에 대한 두려움을 신의 의지에 반하는 감정이라고 강조했다. 달리 말해 죽음을 두려워하는 감정은 인간 정신이 만들어낸 한낱 미신일 뿐이므로 여기에 속아 우리의 삶을 저당잡힐 이유가 없다는 의미다.

파커

"먼지를 일으켜

죄송합니다."

Excuse my dust.

도로시 파커Dorothy Parker (1893-1967)

비범한 재능을 지닌 저널리스트이자 시인, 시나리오 작가, 단편 소설 작가였던 도로시 파커는 특히 촌철살인의 기지가 번득이는 짧은 글들로 널리 알려져 있다. 뉴저지 해안의 휴양촌 롱브랜치에서 스코틀랜드와 독일계 유대인 부모 아래 태어난 그녀의 본명은 도로시 로스차일드. 스무 살 나던 해에 명망 높은 잡지 〈배니티 페어Vanity Fair〉에 시가 실리며 등단했다.

이후 안식년을 맞은 영국 출신 작가 P.G. 우드하우스P.G. Wodehouse를 대신해 〈배니티 페어〉의 연극 비평을 맡으면서 파커는 출세가도에 들어섰다. 그녀는 신랄한 문체와 예리한 유머로 잡지의 동료 필자 로버트 벤츨리Robert Benchley, 로버트 E. 셔우드Robert E. Sherwood의 주목을 받았다. 이 셋은 곧 가까운 친구가 되어 앨건퀸 호텔에서 자주 점심을 함께 먹었고 그 과정에서 전설적인 '앨건퀸 원탁' 혹은 이른바 '독한 서클'이 형성되었다. 다양한 칼럼에 서로에 관한 글을 쓰던, 느슨한 작가 집단이라고 할 수 있겠다. 파커는 날렵한 재치와 익살스럽고 반어적이며 자기비하적인 어조가 특징인 시를 통해 빠르게 명성을 얻었고 시와 단편소설을 묶은 모음집 몇 권을 출간하며 인기를 끌었다. 하지만 의도적으로 경멸조의 비평을 즐겨 쓰던 그녀는

1929년 결국 〈배니티 페어〉에서 해고되고 말았다.

'독한 서클'이 해체된 이후(대단한 불화 때문이라기보다는 상황과 경제적 필요에 따른 것이었지만) 파커는 시나리오 작가가 되겠다는 야망을 품고 로버트 벤츨리를 따라 할리우드에 입성했다. 배우 앨런 캠벨과 결혼해 프리랜서 부부 팀으로 다수의 할리우드 스튜디오와 손잡고 작업했으며 초기에는 상당한 성공을 거두었다. 그러나 파커의 우울증과 알코올 중독, 그리고 캠벨의 모호한 성 정체성으로 두 사람의 관계는 큰 타격을 입었다. 파커는 일생 동안 최소한 세 번 자살을 시도했던 것으로 알려져 있다.

## 재치와 익살과 자기비하로 점철된 한평생

도로시 파커는 1920년대 중반부터 줄곧 인권과 특히 민권 운동에 커다란 관심을 보이면서 각종 시위와 집회를 지원했고 1930년대 후반에는 할리우드의 나치 반대 압력단체 창설에 협조했다(하지만 이 단체에는 소련 비밀간첩이 잠입한 상태였다). 안타깝게도 이 같은 정치활동 및 교우관계로 인해 그녀는 공산주의 동조자라는 혐의를 받으며 악명 높은 할리우드 '블랙리스트'에 올랐고 결국 시나리오 작가로서의 생명도 끝나고 말았다.

남편이 약물 과다복용으로 사망한 뒤 뉴욕으로 돌아간 도로

1941년 자신의 타이프라이터로 글을
쓰고 있는 도로시 파커. 그리고 볼티모어
전미흑인지위향상협회 사무실 밖에 조성된
도로시 파커 기념공원의 묘비.

시는 알코올 의존증에 시달리면서도 글을 썼으며 라디오 방송 게스트로도 출연했다. 또 말년에는 각종 인터뷰에서 왕년의 동료들을 재능은 별로 없으면서 잘난 체만 하는 자기만족적 출세주의자로 묘사하며 '독한 서클'의 전설을 깎아내리곤 했다.

도로시 파커는 1967년 심장마비로 사망하면서 전 재산을 마틴 루터 킹 재단에 유증했는데 이 기금은 훗날 미국의 주요 민권단체이자 자선단체인 전미흑인지위향상협회(NAACP)로 이관되었다. 파커의 유언을 놓고 진행된 길고 혹독한 법정 분쟁 때문에, 그리고 아무도 수습하지 않았기 때문에 그녀의 유해는 근 20년간 변호사 사무실의 서류 보관함에 놓여 있었다. 1988년 NAACP는 볼티모어 사무실 밖에 도로시 파커 기념정원을 지어 마침내 그녀에게 안식처를 제공했다.

'먼지를 일으켜 죄송합니다.'라는 구절은 그녀의 유해 위 현판에 새겨진 묘비명이다. 도로시 파커의 나이 스물두 살 때 〈베니티 페어〉 채용 면접에서 편집장 프랭크 크라운이 "당신의 비문을 쓴다면 뭐라고 쓰겠어요?" 하고 묻자 파릇파릇한 그녀는 당돌하게 대답했다. "먼지를 일으켜 죄송합니다."

날렵하고 익살스럽고 자기비하적인 풍자로 평생을 살다간 자신의 삶을 한마디로 표현하는 안성맞춤의 문구이다.

# 불멸

주제가 반복적인 면이 있으나 파커의 시는 지금도 여전히 인기가 높다. 그녀의 시는 삶과 죽음의 불가피성을 뒤틀린 시각으로 숙고한다. 〈삶에의 각운*Rhyme Against Living*〉에서 그녀는 이따금 찾아오는 자살의 유혹을 고찰하는데, 알코올 중독과 우울증으로 어두웠던 시기의 몇 차례 자살 시도를 감안할 때 생을 끝장내는 행위를 스스로의 운명을 통제하는 궁극적 수단으로 이상화하고 있다는 해석이 가능하다.

하지만 흥미롭게도 그녀의 작품은 죽음을 뛰어넘는 불멸성을 획득했다. 본래 제2차 세계대전 참전 미군들을 위해 제작되었던 바이킹 출판사의 '포터블' 유명작가 선집 시리즈 중에 한 번도 절판되지 않은 선집이 세 개 있는데, 첫째는 셰익스피어이고 둘째는 킹 제임스 성경이며 셋째가 바로 《포터블 도로시 파커*The Portable Dorothy Parker*》이다.

브레히트

"죽음을

너무 두려워하지 말라.

오히려 보잘 것 없는 삶을

두려워하라."

Do not fear death so much, but rather the inadequate life.

베르톨트 브레히트Bertolt Brecht (1898-1956)

베르톨트 브레히트는 20세기의 가장 영향력 높은 극작가 중 하나로 인정받고 있다. 작가로서나 연출가로나 다작이었던 그는 무대극에 실험적 요소를 도입한 것으로 가장 잘 알려져 있는데 '서사극'의 형태에 대한 집착이 특히 그러했다. 서사극(또는 브레히트가 즐겨 사용한 '변증법적 연극')은 자연주의와 사실주의를 피하는 연극 형태다. 무대 위 배우들의 극적 행동은 노래, 춤, 무언극, 행동을 설명하는 고전 그리스식 합창, 심지어 서커스 곡예나 꼭두각시와 어릿광대의 등장 등 갑작스런 돌출에 의해 일정한 간격을 두고 의도적으로 중단된다.

그가 희곡 집필과 연극 공연에 적용한 아방가르드적 접근은 겉보기와는 달리 1920년대와 1930년대 유럽을 풍미하던 초현실주의 또는 미래주의의 무작위적 '반反예술' 형태가 아니었다. 오히려 엄격한 정치적·이념적 신조에 기초하고 있었다. 열렬한 마르크스주의자였던 브레히트는 자본주의 사회에 내재한 부르주아적 가치의 위험을 공격하고 노동계급에 의한 혁명의 미덕을 전파해 사회를 변화시키고자 애썼던 것이다.

브레히트는 '페르프렘둥스에펙트Verfremdungseffekt' 즉 '낯설게 하기 효과'라는 용어로 자신의 연극 방법론을 묘사했다. 그의 급진적 접근법은 정치적 사유가 거세된 일반 연극 규약의 도피주의를 공격함으로써 관객들이 부르주아적 가치관과 기대를 벗어던지고 행동에 나서도록 유도하기 위한 것이었다. 무대 위에서 벌어지는 행동과 관객 사이에 거리를 만들어야만 작품 이면의 의미와 메시지가 온전히 평가되고 흡수되고 이해될 수 있다고 브레히트는 생각했다.

## 죽음보다 못한 생존 조건을 피하지 마라

'죽음을 그리 두려워하지 말라. 오히려 보잘 것 없는 삶을 두려워하라.'는 말은 브레히트의 연극 〈어머니〉에 등장하는 대사다. 1932년 희곡을 쓰고 같은 해 베를린에서 초연한 〈어머니〉는 러시아의 사회주의 작가 막심 고리키Maxim Gorky의 1906년 원작 소설을 각색한 작품으로 공장노동자 겸 정치운동가의 어머니가 고난과 불행을 딛고 혁명 실천의 '각성'에 이른다는 줄거리를 갖고 있다. 작품 속 어머니는 처음에는 억압에 짓눌린 무지하고(글을 읽지 못한다) 순종적인 여인으로 묘사되지만 점차 아들과 그의 급진주의 동지들로부터 글을 배우면서 두려움과 불안을 내치고 그들의 투쟁에 적극 동참하게 된다. 노동자 항쟁 이후 체포되어 재판을 받고 시베리아 유형에 처해진 아들은 필경 거기서 죽을 것이라 여겨진다. 하지만 어머니는 슬픔을 딛고 일어서 투쟁을 계속하겠다고 다짐한다. 그 같은 억압 하에 사는 것이야말로 죽는 것만도 못하고 그러한 생존 조건을 수용한다는 것은 '보잘 것 없는 삶'을 사는 것이기 때문이다.

〈어머니〉는 격동의 바이마르 공화국(1919–1933) 시대에 브레히트가 참여한 여러 희곡과 공연의 한 부분을 이룬다. '레르슈튀케Lehrstücke(학습극)'는 당시 독일의 정치적 격랑, 그리고 히틀러와 나치즘의 득세가 드리우던 어두운 그림자에 대한 브레히트의 반응이었다. 〈어머니〉 초연은 공연 내내 배우들에게 썩은 야채를 던지고 야유와 선전구호를 외치며 준 폭동을 일으킨 나치 정치깡패들로 인해 엉망이 됐다.

박해가 갈수록 심해질 것임을 정확히 예측한 브레히트는 먼저 스칸디나비아에, 제2차 세계대전 발발 직전에는 미국에 정착해 영화 시나리오를 쓰며 약간의 성공을 거두었다. 정치적 망명자 신분이었음에도 브레히트는 공산주의 동조자 블랙리스트에 올랐으며 결국 동베를린으로 돌아가 1956년 사망했다.

"태어난 자는 반드시 죽고

　　　　죽은 자는 반드시 태어나는 법이다.

그러니

　　　　불가피한 일을 두고 슬퍼할 것이 없다."

For certain is death for the born And certain is birth for
the dead; Therefore over the inevitable
Thou shouldst not grieve.

《바가바드 기타*Bhagavad Gita*》 2장

모두 700편의 노래로 이루어진 《바가바드 기타》는 힌두교의 토대를 이루는 고전 산스크리트어 서사시 《마하바라타 *Mahabharata*》의 한 부분이다. 《바가바드 기타》의 편찬 시기는 정확히 알려져 있지 않고 개정되지 않은 이전 판이 존재했을 수도 있지만 대략 기원전 4세기에서 2세기 사이였을 것으로 추정될 뿐이다.

《바가바드 기타》는 카우라바와 판다바라는 경쟁 부족이 하스티나푸르(현재의 인도 북부) 왕좌를 놓고 벌인 전쟁 전야를 시대적 배경으로 한다. 두 부족은 같은 가문 출신이었지만 왕국을 통치하고 있던 카우라바 부족은 정통 계승자가 아니었다. 판다바 부족의 왕자 아르주나는 자신의 뜻에 동조하는 다른 부족들을 모아 군대를 일으키고 이렇게 해서 두 부족은 쿠루크셰트라 전장에서 맞붙는다.

전쟁을 눈앞에 둔 아르주나 왕자의 심중에는 자신의 혈육과 지우들을 상대로 유혈 전쟁을 하는 것이 과연 지혜로운 일일까 하는 회의가 솟구친다. 그리하여 그는 충직한 전차 몰이꾼인 크리슈나에게 조언을 구한다(크리슈나는 편리하게도 인간으로 위장한 신이었다고 한다).

# 선과 악을 어떻게 판별할 것인가?

《바가바드 기타》는 아르주나와 크리슈나의 대화를 기록한다. 아르주나는 살육은 죄이며 그중에서도 혈육을 죽이는 행위는 최고의 죄라고 믿는다. 그러자 크리슈나는 여러 철학적·영적 비유를 통해 왜 아르주나가 왕국을 위해 싸울 의무가 있는지 설명한다. 크리슈나의 주장은 주로 생로병사의 '윤회전생'과 '업karma' 사상에 근거한다. 육신은 죽어도 영혼은 죽지 않고 다시 태어나기를 반복한다고 그는 말한다. 이기적이거나 불경한 인간은 영원히 윤회의 수레바퀴에 갇히는 운명이며 영혼의 해방, 자유, 해탈에 이르려면 신을 따르고 사심 없이 행동하는 길밖에 없다는 것이다. 인과응보의 기본 법칙을 가리키는 업은 인간이 행한 모든 행동은 좋은 것이든 나쁜 것이든 결국 그 자신의 영혼에 영향을 미치고 다시 태어났을 때 고통을 초래한다고 가르친다. 악행은 본질적으로 악업으로 귀착되고 영혼은 생사의 윤회 과정을 통해 많은 업보를 축적하게 되는데 그것은 선(경건)하고 사심 없는 행동을 통해 갚아야 한다는 것이다.

아르주나에게는 자신의 부족을 위해 싸워야 할 전사로서의 의무가 있다고 크리슈나는 주장한다. 진실이야말로 정의를 향한 길이므로 모든 사람은 자신의 참된 본성에 따라 행동해야 한다는 것이다. 그는 육신은 덧없고('태어난 자는 반드시 죽고') 영혼은 영원한 법('죽은 자는 반드시 태어나는 법'), 전장에서 죽게 될 자들도 해탈에 이를 때까지 다시 태어나기를 반복할 것이므로 그들의 희생을 '슬퍼하지 말'라고 이른다.

크리슈나의 주장은 일견 전쟁과 살육의 옳고 그름에 대한 도덕적 의무와 질문을 회피하기 위한 얄팍한 합리화처럼 보인다. 하지만 대부분의 비평가들은 《바가바드 기타》의 배경이 되는 전쟁을 문자 그대로가 아니라 우의적으로 받아들인다. 달리 말해서 옳고 그름이나 선과 악을 선택하는 인간의 고투, 나아가 영적 자유를 향한 몸부림으로 해석하는 것이다.

# 간디의 애독서

인도 독립운동 지도자 마하트마 간디는 《바가바드 기타》를 대단히 좋아하여 이 책을 가리켜 자신의 '도덕 사전'이라 부르며 어느 곳에나 갖고 다녔다. 옥살이를 하던 1920년대에 그는 《바가바드 기타》에 대한 상세한 주석서를 펴내기까지 했다. 머리말에는 다음과 같은 문구가 들어 있었다.

'나는 《바가바드 기타》로부터 위안을 얻는다. (…) 절망이 내 얼굴을 정면으로 노려볼 때, 홀로 한 줄기 빛도 볼 수 없을 때, 《바가바드 기타》로 돌아가 여기서 한 줄 또 저기서 한 줄을 읽으면 압도적인 비극의 한가운데에서조차 어느새 미소를 짓게 된다.'

# 인간과 사회에 관하여

## People and Society

"아무리 정련하고
매혹적으로 재포장해도
모순된 과거의 복제로는
새로운 사회를 창조할 수 없다."

†

A new society cannot be created by reproducing the
repugnant past, however refined or enticingly repackaged.

**넬슨 만델라**Nelson Mandela (1918–2013)

'사회'라는 단어는 일반인들에게 다소 모호하게 들린다. 그 정체를 명쾌하게 규정하기가 쉽지 않기 때문이다. 그런데도 정치인과 정치이론가들은 '사회'라는 단어를 입에 달고 사는 것 같다. 거대 사회, 균열 사회 같은 새로운 개념들이 근래 정치 및 언론 지면을 장악하기도 했다.

영국의 총리 대처가 애당초 사회 같은 것은 없다는 주장으로 논란을 야기했다면 로마제국의 황제 마르쿠스 아우렐리우스는 《명상록》에서 사랑과 고독을 탄원했다. 한편 다윈은 빈곤이 정말 자연선택('적자생존')의 부산물인지 아니면 빈곤과 고통을 초래하는 사회구조와 제도가 존재하는 것인지를 고통스럽게 물었다. 루소, 니체, 카뮈는 모두 사회와 그 병폐에 대해 다소 어두운 시각을 갖고 있었는데 다만 루소는 어떻게 하면 사회가 좀더 나은 방향으로 개선될 수 있을지를 두고 고심하기는 했다. 수전 손택은 모두의 이익, 그리고 불의에 맞선 투쟁을 위한 행동에 관심이 많았다.

'아무리 정련하고 매혹적으로 재포장해도 모순된 과거의 복제로는 새로운 사회를 창조할 수 없다.'라는 만델라의 명언은 노벨평화상 수상 연설 중 남아프리카 공화국의 아파르트헤이트 철폐 후 조직된 진실화해위원회에 대한 언급에서 나왔다. 진실화해위원회를 통해 적어도 이론상으로는 과거에 행해진 잔학 행위를 고발하고 그 가해자와 피해자들을 화해시킴으로써 새로운 사회를 위한 발걸음을 내디딜 수 있게 되었다. 위원회의 활동과 실제 성과에 대해서는 논쟁의 여지가 분분하지만 이러한 노력이 새롭고 진전된 사고를 표상했다는 것만은 부정해서는 안 된다.

만델라의 말대로 어떤 끔찍한 일들이 발생했든 모순된 과거를 인정하고, 반성하고, 새로운 사회 창조를 위해 전진하지 못하는 사회는 동일한 과오를 반복하기 쉬운 법이다.

대처

"사회 같은 건 없다.
개인으로서의 남자와 여자들,
그리고 가족들이 있을 뿐이다."

There is no such thing as society.
There are individual men and women,
and there are families.

**마거릿 대처Margaret Thatcher (1925–2013)**

영국 현대사에서 마거릿 대처처럼 평가가 극명하게 엇갈리는 정치인도 드물다. 커다란 존경만큼이나 많은 욕을 먹은 대처는 1982년 포클랜드 섬 문제로 촉발된 아르헨티나와의 군사적 충돌, 그리고 대처리즘으로 명명되는 자유시장경제 지지로 가장 확실히 기억된다.

'사회라는 것은 없다'는 유명한 선언은 대처의 반대자들에게는 자유시장 자본주의의 본질인 이기주의를 노골적으로 드러내는 말이자 공동체와 집단의 복지를 저버리고 개인주의와 탐욕의 손을 들어주는 행위로 해석되곤 한다. 여러 다양한 상황에서 문맥을 무시하고 사용되는 경우도 많다. 흔히 보수당 총회 또는 정치적 집회에서 행한 연설의 일부라고 추정되었지만 사실은 훨씬 평범한 자리에서 나온 말이다.

## 개인의 문제를 사회에 전가하지 마라

1987년 〈우먼스 오운*Woman's Own*〉이라는 주간지가 대처를 집중 인터뷰한 기사를 실었다. 3개월 전 대처가 이끄는 보수당 정부가 3선에 성공했다. 정당의 지도자가 총선에서 3연속으로 승리한 것은 150년 만에 처음이었다. 여유롭게 하원의 과반을 차지하고 앉은 정부는 당연히 이 압승은 기간산업체의 민영화를 비롯해 예정된 사회·경제적 개혁을 시행하라는 국민의 승인이라고 생각했다.

대처리즘의 중심에는 세계 경제의 발전으로 국영 산업은 더 이상 지속가능하지 않게 되었다는 믿음이 자리한다. 공공 기간산업을 민간에 개방하고 노동운동을 제한하고 인플레이션을 억제하면 개인들은 세금 인하와 물질적 혜택을 통해 노동의 결실을 향유할 수 있고 궁극적으로 사회이동성도 확보된다는 논리였다. 〈우먼스 오운〉 인터뷰에서 대처는 국가 제도에 대한 과도한 의존과 수혜 문화의 만연으로 사회이동성이 짓눌리고 있다는 의견을 내놓았다.

"너무 많은 사람이 자기 문제를 정부가 해결해주어야 한다고 믿는 시대를 우리는 살아왔다는 생각입니다. '문제가 생겼으니까 보조금을 받아야 해.' '집이 없으니까 정부가 집을 마련해주어야지.' 이렇게요. 이들은 자기 문제를 사회에 전가하고 있어요. (…) 의무를 이행할 생각은 않은 채 오로지 지나치게 많은 걸 받으려고만 합니다. 하지만 먼저 의무를 이행하지 않는 사람에게는 받을 권리도 없는 겁니다. 그리고 애초에 사회 같은 건 없어요. 개인으로서의 남자와 여자들, 그리고 가족들이 있을 뿐이지요."

　대처를 옹호하는 사람들은 이 발언이 오해되고 있다고, 사실 그 말은 개인 욕구 충족 문제를 정부에 전적으로 의존하지 말고 자신의 삶에 책임을 지라는 의미일 뿐이라고 해명한다. 사실 대처는 인터뷰 후반부에 이렇게 덧붙였다.

　"우리에게는 스스로를 보살피는 동시에 이웃을 돌볼 의무가 있습니다."

　철학적 시각에서 대처리즘은 19세기 고전 자유주의, 그리고 애덤 스미스, 에드먼드 버크 등 18세기 사회평론가들의 사상을 반영한다. 대처는 합리적 이기주의와 자유시장 경쟁을 바탕으로 한 경제번영 모델이 제시된 애덤 스미스의 《국부론*The Wealth of Nations*》(1776)을 특히 좋아했으며 트레이드마크와 같던 자신의 핸드백에 그 책이 들어 있다고 주장하기도 했다.

# '사회는 생각하지 못한다…'

'사회 같은 건 없다'는 대처의 선언은 정책연구원(CPS) 국장 팀 녹스의 영향을 받은 것일 수 있다. 정책연구원은 1974년 마거릿 대처, 앨프리드 셔먼, 키스 조지프 경이 보수당에 자유시장 경제정책을 제공한다는 취지로 설립한 우파 싱크탱크다. 1980년대 팀 녹스의 아버지 올리버 녹스는 출판국장으로서 연설문 교정 등의 일을 맡았다. 녹스가 교정을 보면서 특히 진절머리를 내던 비문 중 하나가 감정적 허위, 다시 말해 사물에 생각이나 감정을 부여하는 상투적 표현들이었다. 어느 날 그는 정책 서류를 교정하던 중 '사회는 (…) 생각한다.'라는 구절을 보고 분통이 터져 줄을 좍좍 긋고는 여백에 '사회는 생각하지 못함. 사회 같은 건 없음'이라고 갈겨썼다. 동료 데이비드 윌렛츠David Willets가 무슨 말인지 묻자 녹스는 지쳤다는 듯 '사회'는 개별적 또는 집합적 사고 능력이 없는 추상적 관념이라고 지적했다.

며칠 후 윌렛츠는 다우닝가 10번지(총리 관저. ―옮긴이)에서 마거릿 대처 주재로 열린 정책 세미나에 참석했다. 참석자 하나가 '사회는 (…) 생각한다.'라는 말로 똑같은 실수를 저지르자 윌렛츠는 녹스의 말을 그대로 인용해 고쳐주었다. 윌렛츠에 따르면 대처는 그 말을 반복해줄 것을 요청했으며 나중에 소용이 될지 몰라 적어뒀다고 한다.

인간과 사회에 관하여

아인슈타인

"신은

　　주사위를 던지지 않는다."

[God] does not play dice….

**알베르트 아인슈타인**Albert Einstein (1879–1955)

알베르트 아인슈타인은 1920년대에 친구 막스 보른과 양자역학의 한 문제에 관해 대화하다 '신은 주사위를 던지지 않는다.'라는 말을 꺼냈는데, 사실 그것은 종교적인 맥락이 아니라 수학의 발산(發散) 개념에 대한 의견 차이의 표현일 뿐이었다.

아인슈타인은 우주는 물리 법칙에 의거해 전적으로 예측가능하다는 신념을 지녔으나 양자역학이라는 새로운 이론은 단순히 우연에 불과한 부분들도 있다고 주장하고 있었다. 위의 인용문에서 '신'이라는 단어는 항구적이고 안정된 법칙에 대한 신념을 우의적으로 표현할 뿐 어떤 실재를 가리키는 게 아니다.

그동안 종교계는 위 인용문을 문맥과 무관하게 인용하면서 아인슈타인이 신자라는, 적어도 부신론자는 아니라는 근거로 삼았다. 실제로 아인슈타인의 신앙을 논하기란 간단치 않다. 다른 많은 과학자들처럼 그 또한 절대적 진리라기보다는 가능성을 다루었고, 따라서 신의 존재를 부정하지는 않았다.

아인슈타인이라는 이름은 흐트러진 머리와 수염 등의 외모와 더불어 천재의 동의어가 되다시피 했다. 그가 내놓은 이론들이 복잡하고 직관에 반하며 혼란을 주기 때문만이 아니라 특별한 증거 없이 그저 결정적인 생각만으로 거기에 다다른 듯 보였기 때문에 더욱 그랬다. 전형적인 '어둠 속 도약', 그 불꽃이야말로 천재와 일반적 탁월함을 가르는 것이다.

아인슈타인을 둘러싼 전설들 중 하나는 이 모든 발견들이 베른의 특허 사무소에서 일하던 시절 '여가 시간'에 이루어졌다는 것이다. 표면상 맞는 말이지만 종종 간과되는 사실은 이 부서에서 그가 맡았던 업무의 대부분이 전자기 장치 특허와 관련되어 있었다는 점이다. 따라서 전자기 신호 전송, 시간의 전기기계 동기화 같은 기술적 질문을 다루지 않을 수 없었고 이는 이론 개발 과정의 급진적 사고실험에 결정적인 역할을 했다.

아인슈타인의 이론은 1919년 아서 에딩턴 경이 일식 관측을 위해 떠난 프린시페 섬 원정에서 입증되었고 이듬해 〈타임스*The Times*〉에 그 내용이 대서특필되면서 세계적으로 유명해졌다. 아인슈타인은 1921년 노벨물리학상을 받았다. 과학자로서 전성기가 지난 1933년 나치가 집권하자 미국에서 순회강연 중이던 아인슈타인은 다시는 독일로 돌아가지 않았다.

제2차 세계대전을 몇 달 앞둔 1939년. 그는 핵무기의 가능성에 대해 헝가리 물리학자들이 제기했던 경고에 무게를 실어달라는 부탁을 받았는데 바로 이것이 핵폭탄 개발을 이끈 맨해튼 프로젝트의 발단이 되었으니 아이러니가 아닐 수 없다.

# 아인슈타인의 두뇌와 그 기묘한 운명

아인슈타인의 뇌에 대해서는 몇 가지 추측이 있다. 사전 동의를 얻고 뇌를 적출했는지 이어 진행된 부검 중 일부가 사진을 기초로 한 억측에 지나지 않았는지 논란이 계속되는 가운데, 부검 결과는 수리와 추론을 담당하는 영역이 확대되어 있으며 기형 및 결핍 영역이 신경세포의 신호전달 능력을 향상시켰다는 가능성이 제기됐었다. 그의 뇌는 현재 필라델피아의 무터Mutter 박물관에 보존되어 있으며, 남은 240여 조각 중 2개는 대영박물관에 대여 중이다.

아인슈타인의 지능지수는 160에서 180 사이였던 것으로 추정된다. 매우 높지만 그가 확장하고 대체한 우주 이론을 정립했던 과학자 아이잭 뉴턴Isaac Newton에 비하면 낮은 수치다.

"운명이 가져다주는 것은 받아들이고
운명이 이끌어온 사람은 사랑하라.
다만 온 마음을 다해 그리 하라."

Accept those things to which fate binds you,
and love the people with whom fate brings you together,
but do so with all your heart.

마르쿠스 아우렐리우스Marcus Aurelius (121–180)

이 책에서 인용한 아우렐리우스의 명언 '운명이 가져다주는 것은 받아들이고 운명이 이끌어온 사람은 사랑하라. 다만 온 마음을 다해 그리 하라.'는 자기계발과 카드 업계에 의해 곧잘 활용(오용)되었으며 결혼식과 장례식장에서 막연한 상투어로도 남용되는 말이다. 하지만 이 문장을 마르쿠스 아우렐리우스의 철학 전반을 통해 바라보면 첫인상에 비해 훨씬 실질적이고 의미심장한 것임을 알 수 있다.

## 주어진 삶을 온전히 받아들일 것!

니콜로 마키아벨리가 칭한 '로마 5현제 시대'의 마지막 황제였던 마르쿠스 아우렐리우스는 서기 121년 4월 26일에 태어났다. 그는 161년 양동생 루키우스 베루스와 함께 공동 황제에 즉위했다가 동생이 사망한 169년부터 단독 황제가 되어 180년 3월 17일, 오늘날의 빈에서 게르만족을 상대로 싸우다 죽을 때까지 로마를 다스렸다.

마르쿠스 아우렐리우스는 다른 무엇보다도 로마제국을 위해 자신의 모든 것을 바친, 자비롭고 충실하고 헌신적인 통치

WASTE NO MORE TIME ARGUING ABOUT
WHAT A GOOD MAN SHOULD BE. BE ONE.

- MARCUS AURELIUS

마르쿠스 아우렐리우스의 흉상

"위인의 조건에 대해 논쟁하느라 시간을 허비하지 마라.
스스로 위인이 되어라."

– 마르쿠스 아우렐리우스

자였다. 그의 책임감과 선의는 스토아 철학의 영향에서 비롯된 것 같다. 열렬한 스토아 철학 추종자로서 한평생을 살아간 그는 로마의 현제로서뿐만 아니라 스토아 철학을 바탕으로 그리스어로 쓴 책《명상록》의 저자로서도 기억된다.

스토아학파는 인간이 따라야 하는 자연법칙이 있으며, 도덕적인 삶이란 바로 이 법칙을 온전히 받아들이면서 사는 것이라고 믿었다. 생의 영고성쇠를 어느 정도 무심하고 초연하게 맞아야 한다는 것이었다. 그런 점에서 현대인들이 마르쿠스 아우렐리우스의 위 인용문에서 '사랑'을 강조하는 것은 잘못이다. 진정한 메시지는 운명의 수용이기 때문이다.

고난의 시기에 시작된 스토아 철학은 현대 영웅문학의 원형으로 해석될 수 있으나 감정을 내보이지 않는 영국 공립학교 학생이나 제1차 세계대전 참전 장교와 같은 정형화된 이미지에서 가장 확실히 발견된다.

## 백마 탄 왕자는
## 당신 곁을 스쳐 지나갈 뿐이다

마르쿠스 아우렐리우스는 인간의 선천적 경향에 대해 당시 알려져 있던 것보다 훨씬 더 많이 터득했던 듯하다. 그의 묵상은 반낭만적일 뿐만 아니라 다소 냉소적인 편이다. 실제로 '근접성' 이론이 보여주듯 현대 사회심리학에는 그의 의견 중 많은 부분이 반영되어 있다. 이는 가까운 거리에서(예컨대 직장처럼) 지내는 사람들은 자기도 모르는 사이에 서로에게 매력을 느끼고 관계를 맺게 될 가능성이 높다는, 확증된 이론이다. 달리 말하면 누군가와 오래 가까이 있을수록 그 사람에게 매력을 느낄 가능성이 증가한다는 말이다. 사랑이란 감정을 신의 뜻이나 기도, 뜻밖의 우연처럼 낭만적 관념들과 연결시키려 드는 일반적인 관행에 비추어 김빠진 설명으로 들릴 수도 있을 것이다. 언젠가 백마 탄 왕자님이 나타날지 모르지만 그는 금세 떠나기 쉽다. 그보다는 사무실의 건너편 책상에 앉은 그 남자가 낫다.

그러므로 첫눈에 반하는 만남보다는 현실적인 관계를 유지 가능하도록 가꾸고 보살피는 것이 성공적인 인연에 이르는 방법이다. 아우렐리우스는 이 점을 정확히 인지했고 바로 그것이 위 인용문을 통해 그가 전하고자 했던 말이다. 어떤 의미에서 마르쿠스 아우렐리우스는 황제이자 병사이자 스토아 철학자였을 뿐 아니라 최초의 인생 상담 전문가였던 셈이다.

# 마르쿠스 아우렐리우스,
## 그가 검투사들의 후원자였다?

✍

영화 〈글래디에이터(Gladiator)〉에서 리처드 해리스가 연기한 인물은 마르쿠스 아우렐리우스의 생애를 일부 반영하고 있다. 하지만 막시무스 장군(러셀 크로우가 연기한 주인공)에 대한 기록은 없다.

영화에서와 달리 마르쿠스는 막시무스가 아니라 코모두스를 후계자로 지명했음을 역사서들은 보여준다. 단 일부 학자들은 코모두스가 아버지의 죽음에 관여했다는 이야기는 사실일 가능성이 있다고 본다. 하지만 코모두스는 원형경기장에서 죽은 것이 아니라 레슬링 선수에 의해 살해되었고 역시 영화에서와 달리 코모두스 사망 후 로마는 공화정으로 복귀하지 않았다.

막시무스 데시무스 메리디우스 장군은 허구의 인물이다. 대신 영화에 묘사된 전쟁에서 싸운 아비디우스 카시우스라는 장군이 있었는데 그는 마르쿠스의 사망 소식을 듣고 스스로 로마 황제라 칭했으나 부하들에 의해 암살당했다. 훗날 로마제국에 막시무스라는 이름의 장군이 나타났는데 그는 혁명을 꿈꾼 것 같다.

영화에서와 같이 실제로 코모두스에게는 그를 미워한 누나 루실라가 있었다. 공동 황제 루키우스 베루스의 아내였던 그녀는 코모두스 암살 음모 혐의로 유배되었다가 결국 처형되었다. 영화와 달리 코모두스는 누나보다 더 오래 살았으며 코모두스와 성적 관계를 가졌다고 알려진 것은 루실라가 아닌 다른 누나였다.

　마지막으로 막시무스의 팔에 새겨진 'SPQR'이란 문신은 흔히 사용되던 라틴어 문구 '세나투스 포폴루스쿠에 로마누스Senatus Populusque Romanus' 즉 '로마의 원로원과 인민'을 의미한다. 하지만 로마제국 장군이 그런 문신을 새겼을 가능성은 극히 희박하다. 문신은 외국인이나 하층민들이 주로 새겼기 때문이다.

인간과 사회에 관하여

다원

"가난한 자의 불행이 자연법칙이 아니라
우리의 제도에 기인한 것이라면
우리의 죄는 막대하다."

If the misery of the poor be caused not by the laws of
nature, but by our institutions, great is our sin.

찰스 다윈Charles Darwin (1809–1882)

'가난한 자의 불행이 자연법칙이 아니라 우리의 제도에 기인한 것이라면, 우리의 죄는 막대하다.' 다윈의 《비글호 항해기*The Voyage of the Beagle*》 마지막 장에 실린 이 구절은 가난한 사람들이 처한 상태에 대한 비판이기보다는 5년간의 여정을 마치고 돌아오는 뱃길에서 노예들의 처지를 반추하며 던진 말이다. 당시 노예제도 옹호자들은 노예들의 삶이 사회 빈민들의 삶보다 못할 것이 없고 선량한 주인이 자신의 이익을 위해서라도 그들을 보호할 테니 어떤 면에서 일반 빈민들보다 나을 수도 있다고 주장해온 지 오래였다. 요컨대 빈민들은 그 같은 보호조차 받지 못한다는 것이었다. 다윈은 여기서 가난한 자들이 가난한 것은 자신의 잘못 때문만이 아니라 사회에 불평등을 조장하는 구조가 있기 때문이며 그것은 노예제만큼이나 부자연스러운 것이라는 통렬한 주장을 편다. 이는 다윈의 사회적 양심이 심화되고 있었음을 반영하는 주장이었을 것이다.

《비글호 항해기》는 엄정한 빅토리아기 산문으로 기록된 과학 여행기이자 일기문이다. 박물학자로 성장해가는 다윈의 면모와 예리한 관찰자적 시선을 보여주는 이 책은 훗날 전개시킬 주제들도 다수 담고 있으나 20년 후 과학적 사고에 혁명을 일으킨 저서 《종의 기원(On the Origin of Species)》에는 비할 수 없다. 하지만 당시로서는 상당한 호평을 받았다.

다윈은 자신의 이론인 자연선택론을 놓고 여러 해를 고민했지만 그를 따르던 앨프리드 러셀 월레스(Alfred Russel Wallace)가 먼저 발표할 것이라는 위기감이 들면서 떠밀리듯 서둘러 발표했다는 설이 있다. 어떤 의미에서는 맞는 말이다. 하지만 그가 설파한 진화론은 아인슈타인의 이론 같은 '어둠 속 도약'은 아니었다. 다윈 자신의 할아버지 에라스무스 다윈을 비롯한 당대의 '박물학자'(당시 과학자들은 이렇게 불리기를 좋아했다)들 사이에서 이미 원시적인 형태의 다윈적 사고가 존재했다는 증거가 여럿 있다.

그럼에도 과학적 영향력에 있어서 다윈에 견줄 만한 사람은 아마도 아인슈타인을 제외하면 없을 것이다. 게다가 진화론에 대한 그의 엄청난 기여를 고려할 때, 다윈의 영향력이 더 컸다고 말해도 그리 틀린 이야기는 아닐 것이다.

## 진화론, 인류 역사를 새로 쓰게 하다

《종의 기원》은 1859년에 초판이 나왔다. 유럽 전역에서 지대한 관심을 불러일으킨 획기적 저작이었지만 〈창세기〉에 실린 인간 창조설과 위배된다는 이유로 당시 종교계는 다윈에게 융단폭격을 퍼부었다. 그럼에도 대부분의 생물학자들로부터 승인을 받으며 향후 인류사의 지형을 완전히 바꾸어놓을 이론으로 자리잡았다.

이후 다윈은 《인간의 유래The Descent of Man》를 출간하며 논쟁을 이어나갔지만 후기작들은 그리 인상적이지 못했다. 참고로 그가 남긴 마지막 책은 《지렁이의 활동에 의한 식물 재배 토양의 형성The Formation of Vegetable Mould Through the Action of Worms》(1881)였다.

"백성들이 그 존재를 느끼지 않는 군주가
최고의 지도자이다. (…)

훌륭한 군주는 말수가 적다.
따라서 군주가 자신의 일을 끝내고
목표를 성취하면 백성들은 말한다,
'우리가 이 일을 해냈다.'"

A leader is best When people barely know he exists Of a
good leader, who talks little, When his work is done, his
aim fulfilled, They will say, "We did this ourselves."

노자老子 (기원전 604–531)

노자는 도교 사상의 토대를 닦은 중국 전설적 철학자다. 동양의 철학과 신비주의, 종교에 중대한 영향을 미친 도교는 오늘날 전 세계 2,000만 명의 추종자를 거느리고 있다. 노자의 것으로 알려진 유일한 저서는 짤막한 경구와 단상들로 이루어진 《도덕경道德經》(여러 가지 번역이 있지만 근본적으로 '미덕의 길과 자연의 길'을 의미한다)이다. 이 책에서 노자는 우주의 본질, 우주 안에서 인간의 위치, 선악의 본질 같은 거대한 주제들을 다룬다.

## 도道, 그리고 덕德…

한 마디로 노자의 시각은 자연의 질서, 즉 개인과 사회 안에 그리고 그 너머에 공존하는 힘에 순종하는 게 가장 잘 사는 길이라는 이야기이다.

자연의 질서나 힘은 도道라는 관념, 즉 만물을 낳되 그 운명이나 결과를 결정짓지 않는 심오하고 막연한 통일체 안에 들어 있다. 간단히 말해 '있'는 모든 것을 의미한다. 행복하고 충만한 삶을 살려면 도와 '일체'가 되기 위해 노력해야 한다.

덕德은 도의 힘과 미덕을 가리키는 것으로 삼라만상의 본질에 깃들어 있다. 도와 덕의 균형을 이루기 위해서는 단순, 공허, 무위라는 세 가지 미덕을 함양해야 한다. 여기서 공허란 사욕과 이기심이 없어 만물에 공감할 수 있는 상태를 가리킨다.

《도덕경》에 따르면 노자는 자신의 가르침을 이렇게 요약했다. '내가 가르칠 것이라곤 단순한 삶과 인내심, 자비, 이 세 가지뿐이다. 이 셋은 최고의 보물이다.'

노자의 생애에 대해서는 그의 철학과 마찬가지로 확실히 알려진 것이 없다. 때문에 일부 현대 학자들은 그가 실존 인물이 아닐 수도 있으며 《도덕경》도 수세기에 걸쳐 여러 필자가 쓴 것이라는 주장을 내놓았다. 지금까지 알려진 최고最古 판본은 노자가 미심쩍게 사라지고 2세기가 지난 후 대나무 두루마리에 쓴 것이다. 기원전 1세기에 사마천이 쓴 《사기史記》를 보면 노자의 간략한 전기가 나온다. 노자는 수장실 사관으로 주나라 황제의 최고 학자 겸 서기 노릇을 했으며 처음으로 공자를 가르치기도 했다. 하지만 궁중 정치에 환멸을 느끼고 관직에서 물러나 유랑하며 가르치다 함곡관에 다다랐다. 이 노사老師가 곧 다음 세상으로 떠날 것을 알아차린 관문지기가 후세에 남길 글을 써달라고 부탁하자 노자는 자리에 앉아 《도덕경》을 쓰고 산속으로 홀연히 사라져 다시는 나타나지 않았다. 사실은 노자가 인도로 건너가 부처의 최고 스승이 되었으며 160세까지 장수를 누리다 죽었다고 믿는 도교 신자들도 있다.

## 현대인의 대안적 삶에 스며든 도교사상

원리상 연민과 공감과 인내심을 가르치는 것이야 드물지 않은 일이지만 '무위'라는 관념은 개인적·집단적 책임과 관련하여 많은 의문을 불러일으켰다. 그저 자연에 맡겨둔다는 논리는 수동적으로 모든 것이 저절로 풀리기를 바라는 태도처럼 보일 수 있기 때문이다.

위 인용문에서 노자가 강조한 내용, 즉 '백성들이 그 존재를 느끼지 않을 만큼 행동이나 말로 자신을 드러나지 않는 지도자' 상은 여러 세기에 걸쳐 다양한 반反권위주의적 운동 세력의 지지를 받아왔다. 특히 대안적 생활양식 옹호 단체와 무정부주의 공동체들을 비롯한 뉴에이지 집단이 노자의 정치사상을 반겼다. 어쩌면 노자는 만물의 자연적인 상태와 질서('도')에 어긋나므로 지도자란 아예 필요가 없다고 교묘하게 주장하고 있는지도 모른다.

그의 생애에 관한 옛 기록들을 그대로 믿는다면 지도자와 백성에 대한 노자의 의견은 고대 중국의 궁중이라는, 격동적이고 폭력적인 세계에 대한 경험의 산물일지도 모른다.

"개인적으로 보면

광기는 드물다.

하지만 집단, 정당, 국가, 시대로 보면

광기는 일상적인 일이다."

In individuals, insanity is rare; but in groups, parties,
nations and epochs, it is the rule.

프리드리히 니체Friedrich Nietzsche (1844-1900)

저명한 독일 철학자 프리드리히 니체는 격언과 경구, 근사하게 들리는 선언과 단언들을 흩뿌리는 데는 명수였으나 지속적인 논증과 합리화로 이를 뒷받침하는 일은 드물었다(그럴 필요를 못 느꼈다). 니체를 찬미자하는 사람들은 그의 글이 보여주는 매우 문학적인 문체를 지적하며 바로 그 때문에 니체는 여러 비교秘敎적인 주제를 탐험할 자유를 누렸다고 주장한다. 니체는 19세기 말 유럽 철학을 틀어쥐고 있었던 형이상학을 피하기 위한 수단으로 의도적으로 경구적 문체를 선택한 것이라는 주장도 있다.

위 인용문 '개인적으로 보면 광기는 드물다. 하지만 집단, 정당, 국가, 시대로 보면 광기는 일상적인 일이다.'라는 문장은 니체식 경구의 고전적 예이다. 짧고 강렬하며 자기 모순적이다. 이 문장은 서양 철학 전통에 대한, 그중에서도 선인과 악인의 대립이라는 도덕적 진리에 대한 전면적이고 다층적인 비판서로서 120여 개의 경구와 시구로 이루어진 《선악의 저편*Beyond Good and Evil*》에 등장한다.

표면상 이 진술은 자가당착적이다. 개인들로 이루어지지 않은 '정당, 국가, 시대'란 없기 때문이다. 그게 아니라면 니체는

한 문장의 철학

자신이 광기의 한 형태로 간주한 집단의식을 비판하고 있는 것일까? 《선악의 저편》에는 이른바 '편협한 정치'에 대한 통렬한 비판이 나오기도 한다.

## 미치지 않고 살기 어려운 세상

그도 아니면 니체는 광기 자체는 미친 세상에 대한 정상인의 반응에 다름 아니라는, R.D 랭R.D. Laing 같은 급진적 정신과 의사들의 이론을 예시하고 있었던 것인지도 모른다. 사실 니체 자신도 성인이 된 이후 주기적으로 우울증을 겪었고 말년에는 극심한 정신질환에 시달렸을 만큼 광기와 무관한 사람이 아니었으니까.

니체가 정신질환에 걸린 것은 쾰른에서의 학창시절, 사창가를 출입하면서 매독에 걸렸기 때문이라는 설이 종종 제기되지만 이를 입증할 전기적 내용은 전혀 없다. 니체는 또 양극성 장애와 카다실 증후군(유전성 뇌졸중) 진단도 받았었다.

루소

"조물주는 만물을 선하게 창조했다. 그러나 인간의 손길이 닿는 순간 타락한다."

Everything is good as it comes from the hands of the Maker of the world, but degenerates once it gets into the hands of man.

장 자크 루소Jean-Jacques Rousseau (1712—1778)

장 자크 루소는 1712년 오늘날의 스위스 제네바에서 시계공의
아들로 태어났다. 도시국가이던 제네바는 당시 초기 형태의 민
주주의 개념들을 시험하고 있었다. 이 도시는 이론상으로는 선
출된 대의원들이 운영했으나 부유층과 중산층만이 투표권을
갖고 있었으므로 사실상 과두정치에 지나지 않았다. 또한 일단
의 힘 있는 개신교(칼뱅교) 목사들이 모든 걸 관장하는 실정이었
다. 어머니는 루소가 태어난 지 얼마 안 되어 사망했으며 아버
지는 열 살배기 루소를 버렸다. 그로 인해 루소는 사부아와 이
탈리아 각지를 방황하며 청춘을 허비하다 파리에 정착했다.

음악에 재능이 있었던 루소는 출세의 발판이 될 것이라는
신념으로 새로운 기보법記譜法 체계를 만들어 과학아카데미
에 제출했다. 아카데미는 루소의 창의력은 인정했으나 너무 급
진적이라는 이유로 새 기보법 채택을 거절했다. 루소는 장 르
롱 달랑베르Jean le Rond d'Alembert와 함께 유명한 《백과사전
Encyclopedie》(한마디로 예술 및 과학 선집으로 프랑스 혁명 배후의 급
진적 사상을 진전시켰다는 평가를 받고 있다) 프로젝트를 막 시작하
던 철학자 드니 디드로Denis Diderot를 만나 친교를 맺었다. 디드
로의 독려에 힘입어 《백과사전》에 원고를 기고했는데 처음에는

음악이론에 국한되었으나 써낸 글이 호평을 받으며 더욱 복잡한 주제들로 범위를 넓혀갔다.

## 선한 인간은 어떻게 타락하는가?

루소는 1750년 예술과 과학 발전의 도덕적 가치를 주제로 한 신망 있는 에세이 경연대회에 참가했다. 새롭고 '계몽적인' 사고방식을 접하며 사기가 오른 그는 자연 상태의 인간은 근본적으로 선하고 유덕하지만 인간 사회가 순수한 도덕성을 타락시키며, 예술과 과학 또한 사회의 산물이므로 인류에게 이롭지 못하다는 날카로운 주장을 펼쳤다. 오늘날 일반적으로 〈과학과 예술에 관한 담론〉이라 불리는 이 에세이로 루소는 1등상을 거머쥐며 대중의 주목을 받았다. 그의 대표작 중 하나로 인정받는 이 에세이는 '자연 상태'의 인간 대 사회 속의 인간이라는, 루소 철학의 토대를 이루었다. 인간의 선천적 도덕성과 공감 및 동정 능력이 사회 속에서 시기와 탐욕, 자의식으로 얼룩지고 만다는 것이다.

'조물주는 만물을 선하게 창조했다. 그러나 인간의 손길이 닿는 순간 타락한다.'라는 위 인용문은 교육 및 육아에 관한 논란 많은 저서 《에밀, 또는 교육론 Emile, or On Education》(1762)을 여는 유명한 첫 줄이다. 루소는 종교와 다소 애매한 관계를 맺고 있었으니 원죄 관념을 거부하면서도 공공연히 신자임을 자처했던 것이다. 엄격한 개신교도로 성장한 그는 가톨릭으로 개종했다가 칼뱅교로 귀환하기도 했다. 신은 만물을 선하게 만들지만 인간이 그 선을 타락시킨다는 단언은 루소의 종교관을 증언한다기보다 사회의 유해한 영향을 딛고 인간의 자연 상태가 살아남을 수 있는 길을 모색하기 위한 서언이라고 볼 수 있다. 루소는 《에밀, 또는 교육론》에서 에밀이라는 인물을 설정한 뒤 그의 출생에서 청년기까지 따라가며 오늘날 표현으로 전인교육적 접근을 옹호한다. 감각의 개발과 본능의 이해를 통한 교육이 아이에게 가장 유익하다고 루소는 생각했다.

루소의 교육 모델은 명백한 결함도 있지만(여자아이의 교육에 관한 일부 구절은 노골적으로 여성혐오적이다) 이후의 교육 이론에 지대한 영향을 미쳤다. 특히 전인교육법, 아이 중심의 가르침 및 학습 같은 개념은 오늘날까지 건재하다. 1762년에 출간된 이 책은 파리의 가톨릭과 제네바 칼뱅교로부터 금서로 낙인찍혔다. 종교적 관용을 조장한다는 이유에서였는데 기괴하게도 양쪽 다 그것을 이단으로 여겼던 것이다. 평생을 이쪽저쪽 옮겨다니며 살았던 루소의 삶을 생각할 때 그의 사상이 가톨릭과 칼뱅교 모두로부터 배척받았다는 사실은 아이러니다.

"저항이 불의를 멈추지 못할 것이라는 이유로
공동체의 최대 이익이라고 확신하는 것을 위해
행동하지 않아도 되는 것은 아니다."

The likelihood that your acts of resistance cannot
stop the injustice does not exempt you from acting in
what you sincerely and reflectively hold to be
the best interests of your community.

수전 손택Susan Sontag (1933-2004)

수전 손택은 미국의 작가이자 영화 제작자, 저명한 학자이자 평론가, 그리고 정치운동가였다. 스스로 소설가로 자처했지만 그녀의 소설은 산발적이며 의도적으로 실험적인 장편과 단편이 대부분이었다. 대신 그녀는 어쩌면 최초로(저메인 그리어 Germaine Greer와 함께 여성으로서는 분명히 처음으로) 세계적인 명성을 얻은 문화지성계의 평론가가 되었다. 가장 잘 알려진 저서로는 《사진에 관하여On Photography》와 《해석에 반대한다Against Interpretation》, 에이즈 관련 단편소설 《지금 우리가 사는 방법 The Way We Live Now》, 그리고 질병의 언어에 관한 유명한 논고 《은유로서의 질병Illness as Metaphor》 등이 있다.

손택이 처음으로 대중적인 명성과 악평을 동시에 얻은 것은 에세이를 통해서였는데 철학적인 맥락에서 볼 때 프랜시스 베이컨, 미셸 드 몽테뉴Michel de Montaigne, 윌리엄 해즐릿William Hazlitt 같은 선배들의 전통을 따른 글이었다. 프랑스의 저명한 저술가 몽테뉴에 의해 대중화된 에세이 장르는 작가 및 철학자들에게 형식적인 연구 방법을 피하는 대신 논쟁적인 주장을 펼침으로써 사안과 사상들을 탐구할 수 있는 자유를 준다. 손택은 1964년 발표한 유명 에세이 《캠프에 관하여Notes on Camp》를 통해 무엇이 '고급'과 '저급' 예술, 나아가 문화를 구성하는가 하는 문제를 다루었다. 이 글에서 그녀는 예컨대 통속 소극의 자의식 엿보이는 장난스러움은 결코 열등한 일회용 예술 형태가 아니며 오페라나 고전 그리스 비극 같은 고급문화에 못지않게 지적 분석의 대상이 될 자격이 있다고 주장했다. 그녀는 또 저급문화의 일부 요소들은 우리에게 예술의 '심각함'에 대해, 그리고 우리의 가치 판단에 대해 질문을 던지게 한다는 측면에서 혁명적 열의를 내장하고 있다면서 이렇게 덧붙였다. "우리는 가벼운 것을 심각하게, 심각한 것을 가볍게 받아들일 수 있다." 이 글은 지성계에 센세이션을 불러왔으며 '너무 나빠서 좋다' 류의 저급문화에 대한 일반적 판단 기준 정립의 근거가 되기도 했다 (〈록키 호러 픽처 쇼The Rocky Horror Picture Show〉나 〈캐리 온Carry On〉 같은 영화들의 지속적인 인기를 예로 들 수 있다).

## 변혁은 작은 씨앗에서 싹튼다

손택은 1977년 대표작이라 할 수 있을 에세이집 《사진에 관하여》를 출간했다. 이 책에서 그녀는 인간의 인식과 경험을 사진과 관련해 탐구하면서 몇 가지 도발적인 주장을 내놓는다. 세상에 사진으로 찍히지 않은 것이란 이제 거의 없으며 한편으로는 사진이 세상에 대한 인간의 지식과 이해의 폭을 넓혀준 것이 사실이지만 다른 한편으로는 우리가 보아야 할 것과 보지 말아야 할 것의(또는 어떤 것을 볼 권리의) 윤리를 변화시켰다고 그녀는 주장한다. 이 같은 시각자료의 '초過풍요' 현상은 현실에 대한 인간의 인식과 경험이 변화되고 제한되는 결과를 가져왔다는 것이다. 시각적 포화상태에 이른 사회의 문제점 하나는 어린이들이 사물을 실제로 대면하기 전에 사진을 통해 먼저 경험하고 그 결과 기억은 체험의 진정한 감각이 아니라 시각 이미지와의 대면에 의한 것이 되고 만다는 사실이라고 그녀는 주장한다. 이처럼 이미 1970년대 중반에 시각 이미지 범람을 우려했던 그녀가 현대의 인터넷과 구글 어스 같은 시각적 혁신을 보았다면 어떤 반응을 내놓았을지 궁금하다.

정치적 활동도 활발했던 수전 손택은 베트남 전쟁 기간에는 사이공을, 유고슬라비아 내전 기간에는 사라예보를 방문하는 등 평생 세계 각지 전장을 돌며 전쟁과 분쟁의 참상을 숨김 없이 알렸다.

'저항이 불의를 멈추지 못할 것이라는 이유로 공동체의 최대 이익이라고 확신하는 바를 위해 행동하지 않아도 되는 것은 아니다.'라는 위 인용문은 사망 전 해인 2003년 오스카 로메로상 시상식에서 한 연설에 들어 있다. 《용기와 저항에 관하여*On*

*Courage and Resistance*》라는 제목으로 사후 출간된 정치 글 모음집에 실리기도 한 이 연설에서 손택은 아무리 봐도 가망 없어 보이는 상황에서도 저항을 계속하는 행동의 중요성을 용기와 도덕성이라는 관념과 연결시켜 말하고 있다. 그녀는 이스라엘 병사 수천 명이 점령지역에 대해 양심적으로 복무를 거부한 사례를 거론하며 이러한 행동이 현실적 관점에서는 냉소적이거나 헛된 몸짓에 불과할지 모르지만 모래 위에 선이 그어진 이 순간을 역사는 기록할 것이라고 말했다. 그리고 이러한 작은 반대의 씨앗에서 집단의 저항이 시작되고, 진정한 정치적·사회적 변화가 도래한다고 주장한다.

## "백인종은 인류 역사의 암이다."

늘 논란을 몰고 다녔던 수전 손택에 대한 평가는 지성계와 대중을 막론하고 양분된다. 학자들은 그녀의 에세이와 논평에서 엿보이는 학문적 엄정성 결핍(그녀는 참조문헌과 각주 등을 생략하는 일이 잦았다), 근거 없이 도발적인 주장을 하는 성향, 격언과 경구가 많은 문체에 의심의 눈길을 보냈다. 한마디로 겉은 번지르르하지만 속은 비어 있다는 혐의였다. 반대로 저널리스트와 언론 관계자들은 그녀의 단호한 스타일을 칭송했는데 거기에는 그녀가 영국 작가 살만 루시디Salman Rushdie에 내려진 '파트와Fatwa'(사형선고)에서부터 9.11 테러 공격에까지 어느 주제에 대해서든 거리낌 없이 소신에 찬 의견을 공유했다는 점도 한몫 했을 것이다. 논쟁을 유발하기 위해 무슨 말이든 할 가치가 있다는 그녀의 신념은 1967년 〈파르티잔 리뷰The Partisan Review〉에 실린 한 편의 에세이에서 잘 드러난다. 그녀는 '모차르트, 파스칼, 불 대수, 셰익스피어, 의회 정부, 바로크시대 교회, 뉴턴, 여성 해방, 칸트, 발란신의 발레 등등으로도 이 문명이 세상에 끼친 해악을 보상할 수는 없다. 백인종은 인류 역사의 암이다.'라며 서양 문명에 대한 신랄한 공격을 퍼부음으로써 엄청난 논란을 불러일으켰다. 훗날 한 저널리스트로부터 후회하지 않느냐는 질문을 받은 손택은 한 치의 흔들림도 없이 단지 암환자를 모독한 표현이었다는 점에서 후회된다고 대답했다. 수전 손택은 1960년대와 1970년대에 좋으나 싫으나 무시하고 살 수 없는 존재였으며 현재는 여성운동의 주요 아이콘으로 추앙된다.

카뮈

"인간관계는 언제나 우리에게 살아갈 힘을 준다.
왜냐하면 그것은 진전과 미래를 예시하고,
우리는 다른 사람들과 관계를 맺는 것이
삶의 유일한 과업이라는 듯 살아가기 때문이다."

Human relationships always help us to carry on because
they always presuppose further developments, a future –
and also because we live as if our only task was precisely
to have relationships with other people.

알베르 카뮈Albert Camus (1913–1960)

노벨상 수상 작가 알베르 카뮈는 프랑스령 알제리에서 스페인 인 어머니와 프랑스 망명객 아버지 밑에서 태어났다. 그가 태어 나고 얼마 지나지 않아 제1차 세계대전에 참전했던 아버지가 사망한 탓에 카뮈는 빈곤하게 자랐다. 알제 대학교에 들어갔 지만 공부보다 축구에 더 관심이 있었던 것 같다(대학 대표 팀에 서 골키퍼로 뛰었다). 하지만 결핵에 걸려 투병한 후 축구와 공부 를 모두 중단하고 어머니를 돕기 위해 저임금 일자리들을 전전 하던 그는 다시 대학교로 돌아가 힘겹게 공부한 끝에 고전철학 학위를 받고 졸업했다.

대학 시절 막바지부터 정치적으로 활발히 활동하기 시작한 카뮈는 1935년 프랑스 공산당에 가입했으나 알제리 독립에 더 욱 동조적이라는 이유로 알제리 인민당으로 이적했다. 그는 이 같은 정치 활동을 통해 사회주의와 무정부주의 간행물에 기고 하면서 저널리스트의 길에 들어섰다. 제2차 세계대전 중에는 보르도로 건너가 레지스탕스 단체 콩바에 가입했다. 이 급진적 지하조직은 나치의 프랑스 점령에 항거하며 동명의 체제 전복 적 신문을 발행했다. 〈콩바*combat*〉 편집자로 일하던 중 카뮈는 실존주의 철학자 장 폴 사르트르를 처음 만났다.

# 사람들은 왜 부질없는 관계에 목을 맬까?

전쟁 기간 동안 카뮈는 널리 알려진 소설 《이방인》과 자살의 본질에 관한 철학적 에세이 《시시포스의 신화》를 썼다. 두 작품 모두 각자의 방식으로(하나는 소설, 다른 하나는 철학 논고) 부조리주의라는 관념을 탐구하고 있다. 카뮈는 신이 죽은 후 구체적인 진리와 가치가 부재한 사회에서 끊임없이 그리고 결국 헛되이 의미를 찾아헤매는 인간의 여정이 곧 부조리라고 생각했다. 그리스 신화에서 죄의 대가로 바위를 산 위로 밀어 올려놓고 그것이 또다시 굴러 떨어지는 모습을 지켜보며 영원히 살아가야 하는 형벌을 받은 시시포스의 은유를 통해 의미를 찾는 헛된 탐색이 예시된다. 이런 면에서 카뮈는 인간의 삶에 대해 어둡고 비관적인 시각을 갖고 있었다고 짐작할 만하다.

위 인용문 '인간관계는 언제나 우리에게 살아갈 힘을 준다. 왜냐하면 그것은 진전과 미래를 예시하고, 우리는 다른 사람들과 관계를 맺는 것이 삶의 유일한 과업이라는 듯 살아가기 때문이다.'는 1960년 자동차 사고로 카뮈가 때이른 죽음을 맞은 후 출간된 《에세이 선집》에 나온다. 평소 의미 탐구의 부질없음을 설파해온 카뮈의 인생관에 비추어볼 때, 이 문장은 우리의 삶에서 큰 비중을 차지하게 마련인 인간관계를 냉소적이고 부

카뮈의 사망을 1면에 게재한 프랑스 신문 〈콩바〉.

1960년 1월 4일 카뮈가 불의의 교통사고로 사망했을 때, 프랑스 신문들은 특별판까지 발행하며 그의 죽음을 애도했다. 스승 장 그르니에와 나란히 안치된 루르마랭 카뮈의 묘지 앞에는 사시사철 이곳을 찾는 방문객들의 꽃다발이 놓여 있다.

한 문장의 철학

정적인 시각으로 비꼰 듯하다. 카뮈는 인간관계의 기본 토대라 할 결혼에 대해서도 우호적이지 않았다. 그는 여러 번 결혼했으나 번번이 부정을 저질렀으며 공공연한 정사에 휘말리는 일도 잦았다. 결혼이란 개인의 자유와 선택을 부자연스럽게 제한하는, 사회·종교적 관념에 불과하다는 게 카뮈의 생각이었다.

실존주의자로 간주되는 일이 많지만 카뮈 본인은 부조리주의를 포함한 어떤 사상 유파에도 속하지 않는다고 주장했다. 생의 마지막 10년 동안 카뮈는 젊은 시절의 정치적 활동으로 돌아가 모든 형태의 전체주의에 맹렬히 반대했다. 이미 오래 전 공산주의와 좌파 전반에 환멸하면서 사르트르와의 우정에도 타격을 입었던 그는 이제 인권과 시민적 자유를 수호하는 데 열의를 보였다(사형제에도 격렬히 반대했다). 철학 저서와 소설을 통해 인간 삶의 음울하고도 비관적인 측면을 파헤쳤던 사람이 민권, 언론과 결사의 자유, 자결권 보호에 이토록 열정적으로 헌신했다는 사실은 모순된 역설처럼 보이기도 한다.

1957년 노벨상위원회는 '우리 시대 인간 양심의 문제들을 명료한 진지함으로 조명하는 중대한 문학 작품들을 집필했다.'는 선정 사유와 함께 카뮈를 노벨문학상 수상자로 뽑았다.

# 몇 가지 생각할 것들

이 책은 역사상 가장 위대한 사상가 몇 명의 사고와 견해들을 소개하고 그들 각자가 세상을 어떻게 이해하고 분석했는지를 살펴보고자 했다. 17세기와 18세기에 찾아온 이성의 시대는 철학적 추론을 신학으로부터 분리하는 데 성공했다. 그리하여 관찰가능한 세계를 탐구하면서 지금 여기서 과연 무엇이 진실인지를 파헤치는 데 주력할 수 있도록 했다.

두 차례의 세계대전 이후 철학이 일종의 지적 위기를 맞은 것은 불가피한 일이었을 것이다. 그토록 엄정한 분석체제를 자랑하던 학문이 20세기 후반에 들어오면서 극심한 혼란 속에 빠져들었다. 남은 것이라곤 도무지 불가해한 언어 형식과 메타언어에 침잠하여 서로 충돌하는 담론들뿐이었다.

그렇다면 철학의 미래는 무엇일까? 다음 시대의 위대한 사상가들은 누구일까? 인터넷 도입 이래 정보는 유례없이 빠른 속도로 전파되고 교환되는 상황이다. 이는 자유로운 사상 교류라는 중대한 의미를 띠는 반면 정보로 포화상태가 된 세상을 헤쳐나가야 하는 우리에게 함정이 되기도 한다. 미래의 사상가들은 이 급격한 기술 발전에 인간이 어떻게 대응해야 할지를, 그리고 기술 발전이 우리가 살고 교류하는 데 어떤 영향을 미칠지를 탐구해야만 할 것이다.

미래의 철학자들이 다루게 될 또 다른 주요 사안은 특히 지구온난화를 비롯한 환경 문제다. 모든 위대한 사상가들이 던졌던 질문 '어떻게 살 것인가?'가 경제·생태학적으로 지속 불가능한 지점을 향해 돌진하고 있는 이 세상에서 '어떻게 하면 살 수 있는가?'로 변환되는 시점이다.

이런 면에서 볼 때 철학은 단지 인간의 지식과 윤리를 이해하는 데 그치지 않고 훨씬 더 근본적인 문제, 바로 문명의 지속성을 보장하고 미래 세대를 보호하는 임무를 수행해야만 한다.

버트런드 러셀이 1945년 발표한 《서양 철학의 역사》는 여전히 대표적인 철학 안내서로 남아 있다. 문제는 분량이 800쪽에 달한다는 것, 간결하고 명료한 문체로 씌어졌으나 규모가 너무 방대하여 위압감을 줄 수 있다는 것이다. 서양 사상사에서 중요한 위치를 차지하는 독일계 전통을 인색하게 다루었다는 비판도 듣는다. 하지만 제2차 세계대전 중에 씌어진 이 책에 정치적 편견이 개입될 수밖에 없었음을 고려해야 한다.

이보다 소화하기 쉬운 철학 입문서로 사이먼 블랙번Simon Blackburn의 《생각하라: 흥미로운 철학 개론Think: A Compelling Introduction to Philosophy》이 있다. 반면 책 읽을 시간은 통 없지만 만찬에서 주눅들고 싶지 않은 이들에게는 에드워드 크레이그Edward Craig의 《철학: 아주 짧은 개론서Philosophy: A Very Short

*Introduction*》 정도가 훌륭한 출발점이 되어줄 것이다. 청소년 독자들에게는 노르웨이 작가 요슈타인 가아더Jostein Gaarder의 1991년 작 《소피의 세계》를 권한다. 10대를 위한 미스터리 소설 형식에 철학 역사를 짜넣은 이 매혹적이고 똑똑한 철학 입문서는 전 세계에서 3,000만 부가 팔렸으며 표면상으로는 10대 대상 도서이지만 성인들의 지식욕도 충족시킬 수 있을 통찰과 정보로 가득하다.

거대 질문들에 대한 최신 시각을 찾는 독자에게는 버나드 슈츠Bernard Suits의 장난기 많고 긍정적이며 비트겐슈타인의 불가해한 이론들을 해체했다 재조립하는 《메뚜기: 놀이, 삶, 유토피아*Grasshopper: Games, Life and Utopia*》를 권한다. 정치적 메시지가 담긴 책으로 피터 싱어Peter Singer의 《당신이 살릴 수 있는 생명*The Life You Can Save*》은 개인적·집단적 차원에서 세계 인구가 직면한 윤리적 문제들을 다루고 있다.

다음 페이지에는 이 책을 쓰며 필독서라 느꼈던 책들 중 일부를 소개한다. 모두 나름의 장점을 지닌 작품들이다.

철학은 모자를 사는 것과 비슷한 데가 있다. 기능도 중요하지만 얼마나 근사해 보이는지도 그 못지않게 중요하다. 자신에게 꼭 맞는 책을 찾을 때까지 몇 권을 집어 읽어보기를 권한다.

## 참고도서

Ayer, A.J, *The Central Questions of Philosophy* (Holt, London, 1974)

Blackburn, Simon, *Think: A Compelling Introduction To Philosophy* (Oxford University Press, Oxford, 1999)

Blackburn, Simon (ed.), *Oxford Dictionary of Philosophy* (Oxford University Press, Oxford, 2008)

Cahn, Stephen M., *Exploring Philosophy: An Introductory Anthology* (Oxford University Press, Oxford, 2008)

Craig, Edward, *Philosophy: A Very Short Introduction* (Oxford University Press, Oxford, 2002)

Critchley, Simon, *The Book of Dead Philosophers* (Granta, London, 2009)

Gaardner, Jostein, *Sophie's World* (Perfect Learning, London, 2010)

Grayling, A.C., *The Meaning of Things* (Weidenfeld & Nicholson, London, 2001)

Kaufman, Walter, *Existentialism from Dostoyevsky to Sartre* (New American Library, New York, 1975)

Kohl, Herbert, *The Age of Complexity* (Mentor Books Ltd, New York, 1965)

Levine, Lesley, *I Think, Therefore I Am* (Michael O'Mara Books Ltd, London, 2010)

한 문장의 철학

Mautner, Thomas (ed.), *Penguin Dictionary of Philosophy* (Penguin Books, London, 1997)

Monk, Ray and Raphael, Frederic, *The Great Philosophers* (Weidenfeld & Nicholson, London 2000)

Nagel, Thomas, *What Does It All Mean?* (Oxford University Press, Oxford, 2004)

Pirie, Madsen, 101 *Great Philosophers: Makers of Modern Thought* (Bloomsbury, London, 2009)

Russell, Bertrand, *History of Western Philosophy* (George Allen & Unwin Ltd, London, 1961)

Singer, Peter, *The Life You Can Save* (Random House, New York and London, 2010)

Suits, Bernard, *The Grasshopper: Games, Life and Utopia* (Broadview Press, London, 2005)

Urmson, J.O. and Rée, Jonathan, *The Concise Encyclopaedia of Western Philosophy* & *Philosophers*(Routledge, New York and London, 1989)

Warburton, Nigel, Philosophy: *The Basics*(Routledge, London, 2012)

# 찾아보기

**옮긴이 김재성**

서울대 영어영문학과를 졸업했고 현재 미국 캘리포니아 주에 살며 출판 기획 및 번역을 하고 있다. 옮긴 책으로 《남자, 외롭다》《더 볼》《왜 사람들은 자살하는가》《월드피스 다이어트》《501 위대한 작가들》《강아지 매프와 그의 친구 마릴린 먼로의 삶과 의견들》《하드보일드 센티멘털리티》《푸른 밤》 등이 있다.

한 문장의 철학

첫판 1쇄 펴낸날 2015년 2월 25일

지은이 | 알레인 스티븐
옮긴이 | 김재성
펴낸이 | 지평님
본문 조판 | 성인기획 (010)2569-9616
종이 공급 | 화인페이퍼 (02)338-2074
인쇄 | 중앙P&L (031)904-3600
제본 | 다인바인텍 (031)955-3735

펴낸곳 | 황소자리 출판사
출판등록 | 2003년 7월 4일 제2003-123호
주소 | 서울시 영등포구 양평로 21길 26 선유도역 1차 IS비즈타워 706호 (150-105)
대표전화 | (02)720-7542   팩시밀리 | (02)723-5467
E-mail | candide1968@hanmail.net

ⓒ 황소자리, 2015

ISBN  979-11-85093-12-3  03100